코바늘로 쉽게 뜨는

장미 패턴 손뜨개 소품

applemints 엮음 | 남궁가윤 옮김

황금시간

코바늘로 쉽게 뜨는
장미 패턴 손뜨개 소품

엮은이 applemints
옮긴이 남궁가윤
펴낸이 정규도
펴낸곳 황금시간

초판 1쇄 발행 2014년 12월 30일
초판 4쇄 발행 2023년 1월 1일

편집 권명희 신소연
디자인 구수정 정규옥

황금시간
Golden Time

주소 경기도 파주시 문발로 211
전화 (02)736-2031(내선 360)
팩스 (02)738-1713
인스타그램 @goldentimebook

출판등록 제406-2007-00002호
공급처 (주)다락원
구입문의 전화: (02)736-2031(내선 250~252)
           팩스: (02)732-2037

한국 내 Copyright ⓒ 2014, 황금시간
BEST SELECTION! REQUESTHAN KAWAII KAGIHARIAMI
KARENNA BARA KOMONO BEST SELECTION by Apple mints
ⓒ Apple mints 2013, Printed in Japan
Korean translation copyright ⓒ 2014 by GOLDEN TIME
First published in Japan by Apple mints
Korean translation rights arranged with E&G CREATES
through Imprima Korea Agency.

이 책의 한국어판 저작권은 Imprima Korea Agency를 통해 E&G CREATES와
독점 계약한 황금시간에 있습니다. 저작권법에 의해 한국 내에서 보호를 받는
저작물이므로 무단 전재와 무단 복제를 금합니다.

값 12,000원
ISBN 978-89-92533-71-3 13590

Contents

PART 1 패션 소품

1 머리끈…8 | 2 코르사주…8 | 3 코르사주…8 | 4 토트백…9 | 5 스톨…12
6 코르사주…16 | 7 반지…16 | 8 슈슈…16 | 9 머리끈…20 | 10 슈슈…20 | 11 슈슈…21
12 삼각 숄…24 | 13 코르사주…28 | 14 슈슈…28 | 15 머리끈…29 | 16 슈슈…29
17 슈슈…32 | 18 머리끈…32 | 19 바나나핀…32 | 20 코르사주…32 | 21 래리어트…36
22 미니 머플러…37 | 23 코르사주…37 | 24 코르사주…40 | 25 덧칼라…41
26 머플러…44 | 27 코르사주…45

PART 2 인테리어 소품

28 선반 레이스…48 | 29 선반 레이스…49 | 30 컵받침…52 | 31 테이블센터…52
32 아이리시 리본…56 | 33 티슈 덮개…57 | 34 선반 레이스…60 | 35 선반 레이스…60
36 컵받침…64 | 37 식탁보…64 | 38 다용도 덮개…68 | 39 소품함…69 | 40 컵받침…72
41 컵받침…72 | 42 1인용 식탁매트…73 | 43 테이블센터…76

PART 3 도일리

44 15cm 도일리…80 | 45 18cm 도일리…81 | 46 15cm 도일리…84
47 18cm 도일리…85

Point Lesson … 4, 90
사용한 실 소개…88
코바늘뜨기 기초…92
그 밖의 기초 Index…96

* Point Lesson에서는 알아보기 쉽도록 실의 굵기와 색 등을 바꾸어서 사진으로 과정을 설명했습니다.
* 인쇄물이므로 실 색깔은 표시된 색 번호와 조금 다를 수도 있습니다.
* 링 고무줄은 마음에 드는 크기와 색을 사용하세요.

STAFF
촬영 오시마 아키코, 고즈카 교코, 하라다 겐(권두 사진), 혼마 노부히코(과정, 실 견본) | **스타일링** 마에다 가오리, 에나이 도모미, 히라오 도모코 | **헤어·메이크업** 가미카와 다카에, 야마다 나오미 | **모델** 클레어, 페넬라, 미스나가 가리나, 루카 | **작품 디자인** 이마무라 요코, 엔도 히로미, 오카모토 게이코, 가마타 에미코, 가와이 마유미, 사사오 다에, 세리자와 게이코, 다케다 아쓰코, 마쓰모토 가오루, 야마나카 와카코 | **뜨는 법 해설** comomo, 사사키 하쓰에, 쓰쓰미 도시코, 나카무라 요코, 무라키 미사오, 모타이쿠니코 니트 아트(야마우치 히미코) | **도면** comomo, 기타하라 유코, 다카하시 레이코, 다마 스튜디오, 나카무라 요코, 나카무라 와타루, 무라키 미사오 | **과정 해설** 사토 야소코, 쓰쓰미 도시코 | **과정 협력** 가와이 마유미, 마쓰모토 가오루 | **뜨는 법 교열** 오카모토 마키코, 사토 야소코, 도가 가요, 니시무라 요코 | **기획·편집** E&G 크리에이츠(야부 아키코), 오시다 지히로

Point Lesson

10 슈슈: 고무줄에 짧은뜨기 하는 법 photo ... p.20

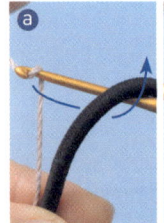   

1 바늘에 실을 걸어서 화살표처럼 끌어낸다(a). 한 번 더 실을 걸고 화살표처럼 빼낸다(b)(빼낸 코는 기초코로 세지 않는다).

2 고무줄과 실 끝을 감싸며 뜨는 것처럼 바늘을 넣고 실을 걸어서 끌어낸다.

3 실을 걸고 빼낸다. 오른쪽 아래 사진은 짧은뜨기를 1코 한 모습.

4 2·3을 되풀이하여 정해진 콧수만큼 뜬다. 사진은 6코 뜬 모습.

11 슈슈: 사슬코를 주워 고무줄을 감싸며 떠서 프릴 만드는 법 photo ... p.21

첫째 단

1 기초코와 기둥코인 사슬 1코를 뜬 뒤, 사슬뜨기 기초코의 사슬코 산에 화살표처럼 바늘을 넣는다.

2 고무줄을 감싸며 뜨는 것처럼 실을 걸어서 화살표처럼 끌어낸다.

3 한 번 더 실을 걸어서 빼낸다.

4 짧은뜨기를 1코 한 모습.

둘째 단

 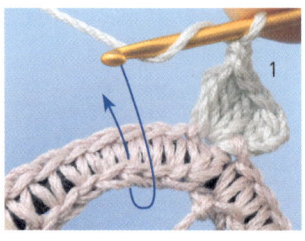  

5 6코 뜬 모습. 실을 일정하게 당기는 것이 깔끔하게 마무리하는 포인트.

6 기둥코인 사슬 3코와 한길긴뜨기 4코를 첫째 단 첫째 코에 뜨고, 계속해서 사슬 1코를 뜬다(프릴1).

7 6의 화살표처럼 기초코 쪽의 1코를 주워서 한길긴뜨기 5코, 사슬 1코를 뜬다(프릴2).

8 첫째 단 여섯째 코에 프릴3을 뜨는데 한길긴뜨기 5코, 사슬 1코를 뜬다. 이후 프릴2와 프릴3을 되풀이하여 뜬다.

* 알아보기 쉽도록 실 굵기와 색 등을 바꾸어 사진으로 과정을 설명했습니다.

18 머리끈: 롤 장미 만들기 photo ... p.32   ※정해진 모티브를 뜨며 이어서 뜨개바탕 1장으로 만들어 마무리한다.

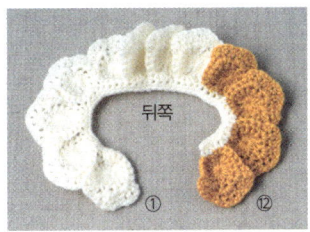

1 꽃잎 12장을 짧은뜨기를 2단 하여 1장으로 잇는다.

2 중심 쪽의 꽃잎(오른쪽 끝의 1장)을 돌돌 감아서 같은 색 실로 꿰맨다.

3 3군데쯤 고정하여 꽃술을 만든다.

4 둥글게 만 꽃술에 둘째 장 이후의 꽃잎을 고르게 돌돌 감아 준다.

5 4를 뒤집어서 아래쪽을 같은 색 실로 꿰맨다.

6 모양을 매만진 뒤에 실 끝을 정리한다.

19 바나나핀: 장미 만들기 photo ... p.32   ※꽃술 1장과 꽃잎 3장을 떠서 4장을 합친다.

1 꽃술을 뜬 모습(왼쪽). 안에 채울 같은 색 실을 준비한다(오른쪽).

2 꽃술에 같은 색 실을 채우고, 같은 색 실을 꿴 돗바늘로 꿰맨다.

3 3군데쯤 고정하여 꽃술을 둥글게 만들어 완성한다.

4 첫째 꽃잎의 중심에 옆의 꽃잎 끝을 꿰매 준다. 둘째, 셋째 꽃잎도 같은 방법으로 꿰매고, 셋째 꽃잎의 중심에 첫째 꽃잎 끝을 꿰맨다.

5 꽃술 및 통 모양으로 이어진 꽃잎 3장이 완성된 모습.

6 꽃잎 3장의 가운데에 꽃술을 넣고, 아래쪽을 작품18의 5·6과 같은 방법으로 꿰맨다.

Point Lesson

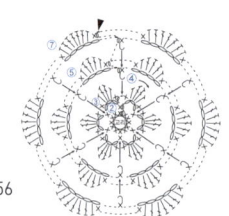

32 아이리시 리본: 꽃 뜨는 법 photo ... p.56

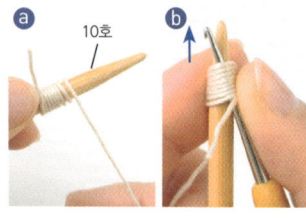

1 기초코를 만들기 위해 대바늘 10호에 뜨개실을 8번 감고(a), 감은 실의 가운데로 레이스용 코바늘을 넣는다(b).

2 대바늘을 빼서 레이스용 코바늘로 실 고리를 옮기고, 바늘에 실을 걸어서 끌어낸다.

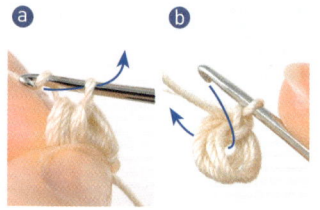

3 바늘에 실을 걸고 기둥코로 사슬 1코를 뜬다(a). b는 사슬 1코를 뜬 모습.

4 첫째 단은 중심의 고리에 바늘을 넣어서 짧은뜨기를 12코 하고 마지막은 첫 코에 빼뜬다.

5 첫째 단을 뜬 모습. 둘째 단은 사슬 1코로 기둥코를 세우고, 짧은뜨기와 사슬뜨기로 된 고리를 6개 뜬다.

6 셋째 단은 앞단의 고리에 짧은뜨기, 긴뜨기, 한길긴뜨기로 된 꽃잎을 뜬다. 사진은 셋째 단을 뜬 모습.

(짧은뜨기 앞걸어뜨기) ✕
※ 뜨개기호는 뒤걸어뜨기지만 뜨개바탕 뒷면을 보고 뜨는 단이므로 앞걸어뜨기를 한다.

7 넷째 단은 뜨개바탕 뒷면을 보며 2단 아래에 화살표처럼 바늘을 넣는다.

8 실을 걸어서 화살표처럼 빼낸다. 오른쪽 위 사진은 짧은뜨기 뒤걸어뜨기를 1코 한 모습(뜨개바탕 뒤쪽에서 뜰 때는 앞걸어뜨기와 같은 방법으로 뜬다).

9 '사슬 4코, 걸어뜨기 1코'를 6번 되풀이하여 뜨고, 넷째 단 마지막은 첫 걸어뜨기 코에 빼뜬다.

10 다섯째 단은 뜨개바탕을 앞면으로 돌려서 '짧은뜨기, 긴뜨기, 한길긴뜨기'로 둘째 층 꽃잎을 뜬다.

11 a는 다섯째 단을 뜬 모습. 여섯째, 일곱째 단은 7~10과 같은 요령으로 셋째 층 꽃잎을 뜬다. 실을 15cm 남기고 잘라서 뜨개코에서 실 끝을 끌어낸다(b).

12 돗바늘에 실 끝을 꿰어서, 둘째 코에 앞쪽에서 넣어 뒤쪽으로 빼낸다. 바늘은 원래 코의 중심으로 돌아오고 뜨개코 크기를 가지런히 한다.

* 알아보기 쉽도록 실 굵기와 색 등을 바꾸어 사진으로 과정을 설명했습니다.

패딩 끈 감싸며 뜨는 법

※ 패딩 끈이란 뜨개바탕에 입체감을 주기 위해서 뜨개코 안에 감싸는 심지실을 말한다.

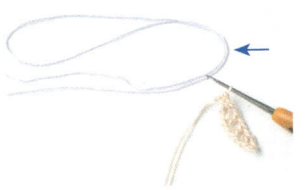

1 잎의 첫째 단은 기초코의 사슬코 산에 짧은뜨기, 긴뜨기, 한길긴뜨기 사이를 사슬코로 이으면서 뜬다. 패딩 끈은 40㎝ 실을 반으로 접고 한 번 더 접어서 만든다.

2 첫째 단 마지막에서 2번 접은 실의 산(1의 화살표가 가리키는 자리)을 바늘에 걸고, 바늘에 뜨개실을 걸어서 빼낸다. 오른쪽 위 사진은 빼낸 모습.

3 둘째 단은 사슬 1코로 기둥코를 세운다. 기초코의 실 끝과 패딩 끈(4겹)을 뜨개코 옆에 놓고 함께 감싸며 짧은뜨기를 한다. 오른쪽 위 사진은 짧은뜨기를 1코 한 모습.

4 기초코의 사슬 모양 코에서는 2가닥을 줍고 공간에서는 코 아래에서 주워서 뜬다. 반대쪽도 같은 요령으로 패딩 끈을 감싸며 뜬다. 오른쪽 위 사진은 한 바퀴 돌아가며 패딩 끈을 감싸서 뜬 모습.

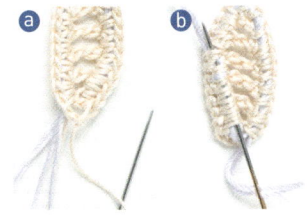

5 둘째 단 마지막은 6쪽의 꽃과 같은 요령으로 코를 고정한다(a). 실 끝은 모두 뒤쪽으로 빼내어 뜨개코에 통과시켜서 정리한다(b).

6 실 끝은 가위로 짧게 자르고 뜨개코를 정돈한다. 사진은 잎 1장을 완성한 모습.

꽃과 잎 마무리하기

1 1/2 가름실(91쪽 참조)을 돗바늘에 꿰어서 꽃잎 끝의 뒤쪽 1코와 잎 끝의 뒤쪽 1코를 교대로 주우며 2~3번 왕복하여 꿰맨다.

2 반대쪽은 꽃잎의 凹 부분과 잎의 凸 부분을 맞대고 1과 같은 요령으로 꿰맨다. 잎의 ▲ 표시 자리에 실을 이어서 모티브 4장 사이를 떠서 잇는다.

3 잎에 실을 이어서 사슬 1코를 뜨고, 꽃잎 2장의 중심(A, B 자리)에 각각 미완성 두길긴뜨기를 한다.

4 미완성 두길긴뜨기 2코가 생기면, 바늘에 실을 걸어서 A와 B 안으로 한 번에 빼낸다(두길긴뜨기 2코 모아뜨기).

5 바늘에 실을 걸어서 사슬 1코를 뜨고 반대쪽 잎의 중심(▼ 표시)에 빼뜬다.

6 모티브 사이를 떠서 이은 모습. 실 끝은 뒤쪽으로 빼내어 뜨개코에 통과시켜 정리한다.

PART 1 패션 소품

이 장에서는 인기 있는 장미 패션 소품을 소개합니다.
스타일링에 장미 소품을 곁들여서 날마다 화사하고 세련된 분위기를 즐겨 보세요.

1 머리끈 · 2,3 코르사주

How to knit 1 … p.10 2 … p.15 3 … p.19
Point Lesson 2 … p.90
Design & Knitting … 이마무라 요코

크고 작은 빨간 장미를 머리끈과 코르사주로 만들었어요.
색이 진하고 선명해 눈길을 끌기 좋아요.

4 토트백

How to knit 1 ··· p.10
Design & Knitting ··· 이마무라 요코

단순한 무늬뜨기 백을 여러 송이 장미로 장식하고
덩굴을 늘어뜨리거나 꽃봉오리를 달아 자유롭게 변형해 보세요.

 Photo … p.8

준비물
실 올림푸스 리넨 네이처/ 빨강(12) 3g,
에미그란데〈컬러즈〉/ 어두운 초록(265) 3g
기타 링 고무줄/ 0.4cm 너비 1개
바늘 코바늘 2/0호

만드는 순서
1 잎과 롤 장미를 1장씩 뜬다.
2 롤 장미는 중심 쪽에서부터 돌돌 감아서 모양을 만들고 기초코 쪽을 꿰맨다.
3 마무리하기를 참조하여 완성한다.

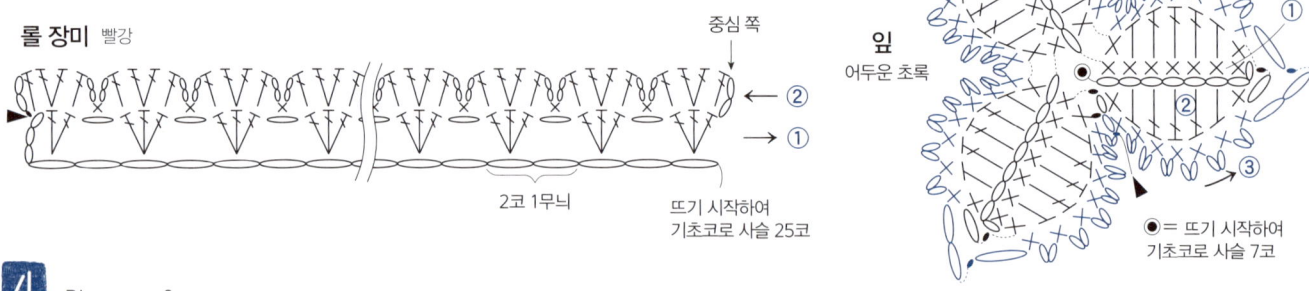

  Photo … p.9

준비물
실 올림푸스 리넨 네이처/ 아이보리(2) 150g, 빨강(12) 20g,
에미그란데/ 어두운 초록(238) 10g
바늘 레이스용 코바늘 2호, 코바늘 5/0호(백 몸판만)

만드는 순서
1 몸판은 코바늘 5/0호에 아이보리 실 2겹으로 바닥, 옆면, 손잡이를 뜬다.
2 레이스용 코바늘 2호로 롤 장미(대, 중, 소), 덩굴, 꽃받침, 줄기, 잎을 각각 정해진 배색과 장수대로 뜬다.
3 롤 장미는 대, 중, 소를 각각 중심 쪽에서부터 돌돌 감아서 모양을 만들고 기초코 쪽을 꿰맨다. 롤 장미 소는 꽃받침과 줄기를 붙여서 봉오리를 만든다.
4 2의 각 부분을 가방 옆면에 고르게 배치하고 잎과 롤 장미를 겹쳐서 꿰맨다. 봉오리와 덩굴은 밑동만 꿰매서 완성한다.

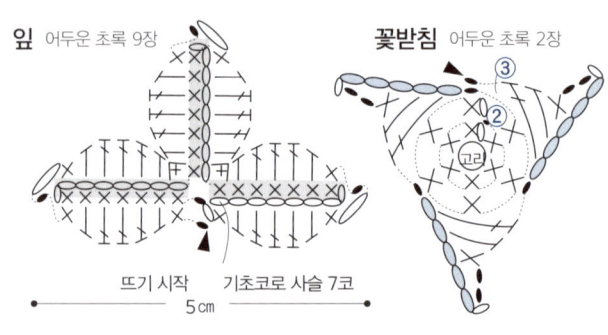

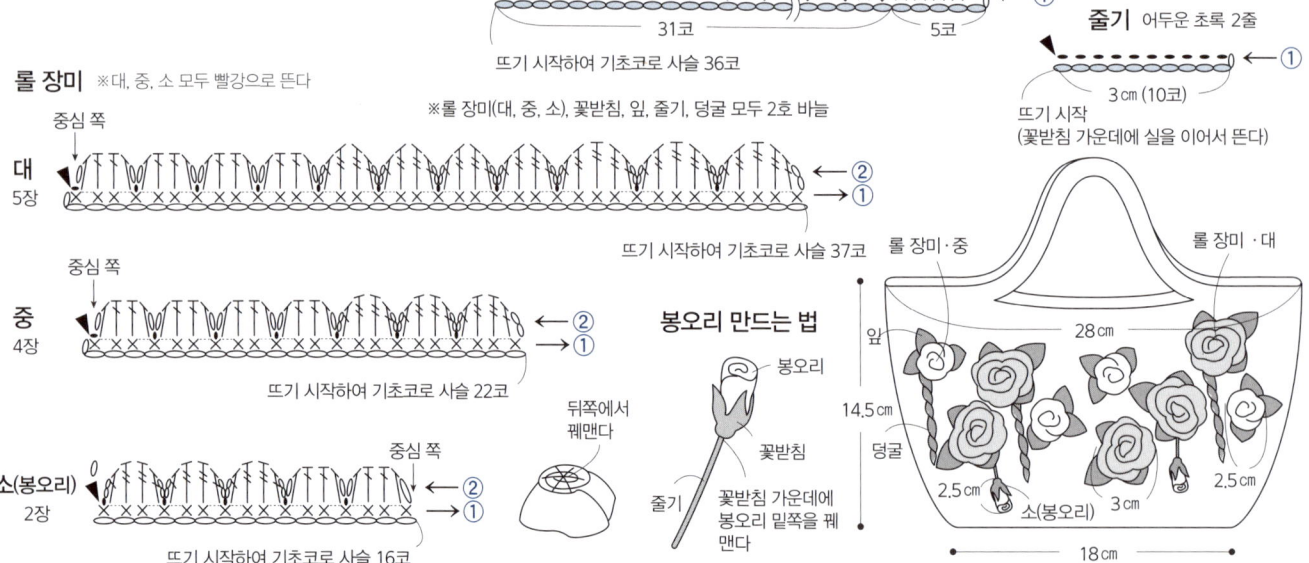

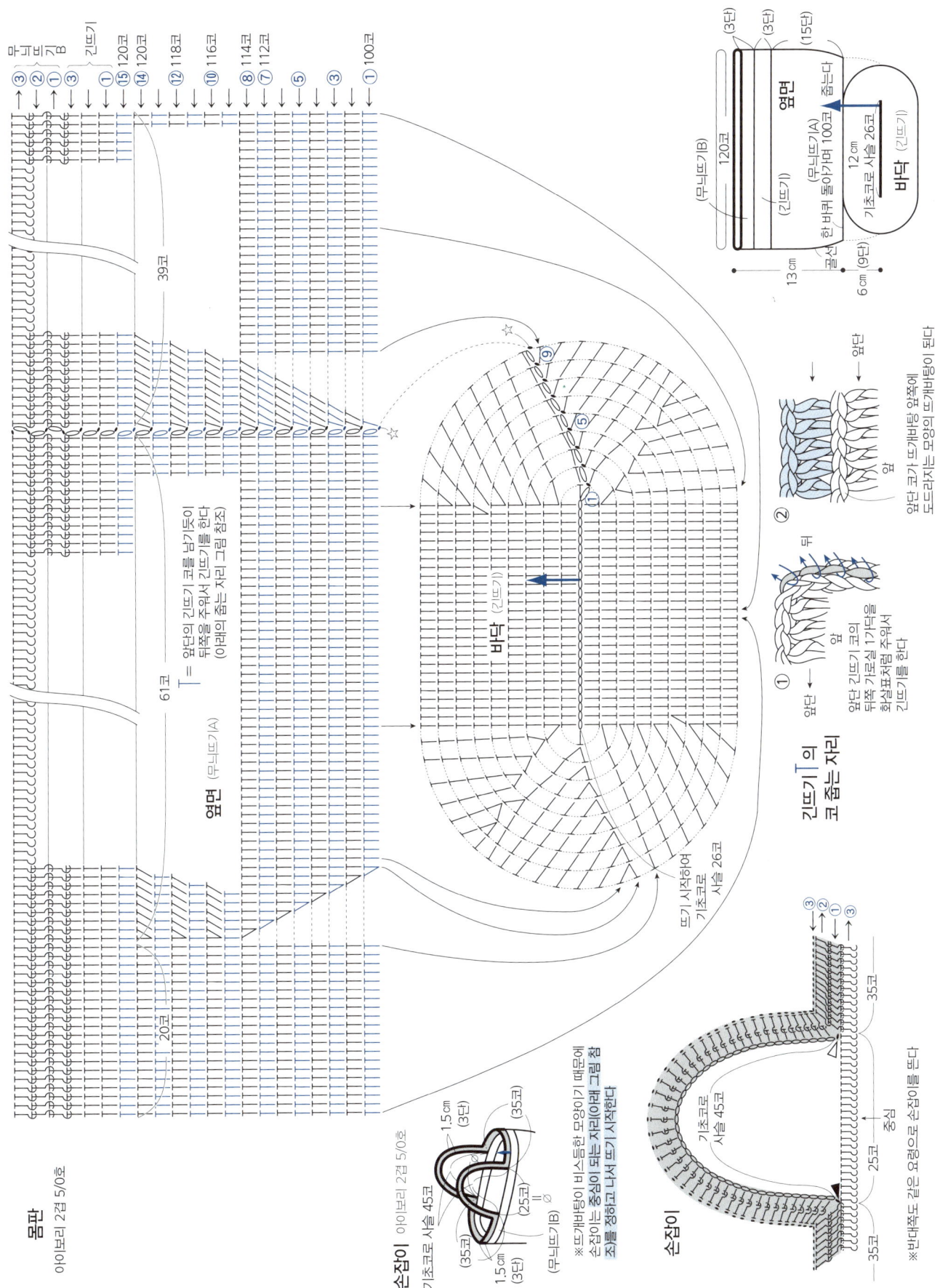

5 스톨

How to knit … p.14
Design & Knitting … 엔도 히로미

바탕은 실크와 리넨의 교연사(성질이 다른 실을 두 종류 이상 꼬아서 합쳐 만든 실-옮긴이)로 뜹니다. 은은한 광택과 매끄러운 촉감으로 이른 봄에 잘 어울리는 소재랍니다.

들장미 같은 술 장식이 낭만적이에요.
부드러운 색상이라 지나치게 튀지 않아서
어느 옷에든 잘 어울립니다.

5 Photo … p.12

준비물

실 올림푸스 실크&리넨 시폰/ 아이보리(1) 90g, 에미그란데/ 연한 분홍(111)·녹연두(243) 10g씩, 에미그란데〈컬러즈〉/ 아이보리(804) 10g, 초록(244) 조금, 에미그란데〈허브즈〉/ 노랑(560)·분홍(141) 7g씩

바늘 코바늘 5/0호, 레이스용 코바늘 0호

게이지 가로 세로 각 10㎝에 무늬뜨기 32코 13단

완성치수 너비 16㎝, 길이 120㎝(술 부분 제외)

만드는 순서

1 몸판은 코바늘 5/0호로 기초코로 사슬 49코를 잡아서 무늬뜨기로 155단 뜬 뒤, 한 바퀴 돌아가며 테두리뜨기를 1단 한다.
2 꽃, 잎, 줄기를 레이스용 코바늘 0호로 각각 정해진 장수와 색으로 뜬다.
3 마무리하기를 참조하여 줄기에 꽃을 꿰맨 것을 몸판 아래위로 달아서 완성한다.

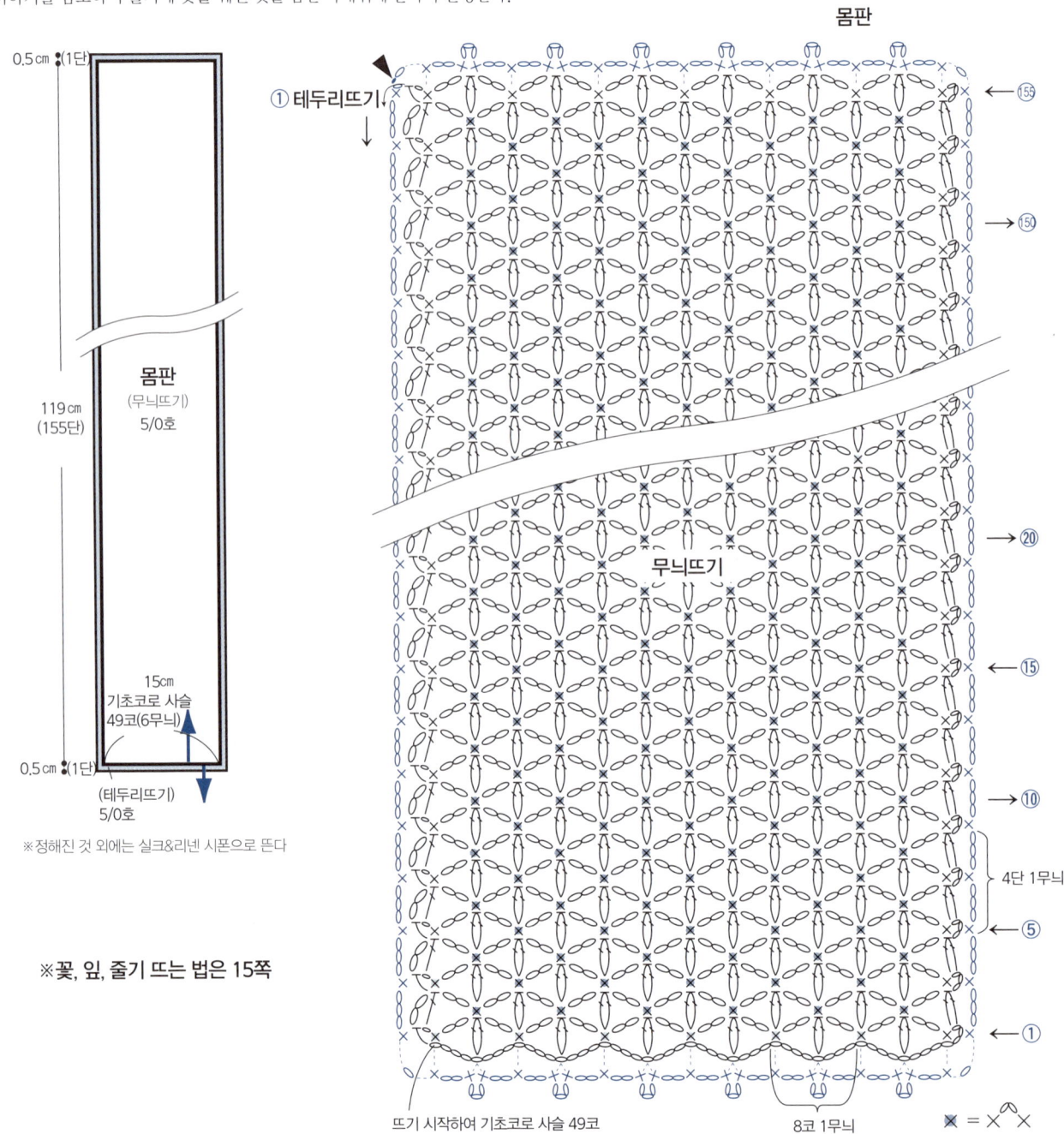

※14쪽에서 이어짐

잎과 줄기 0호
녹연두 6장
초록 2장

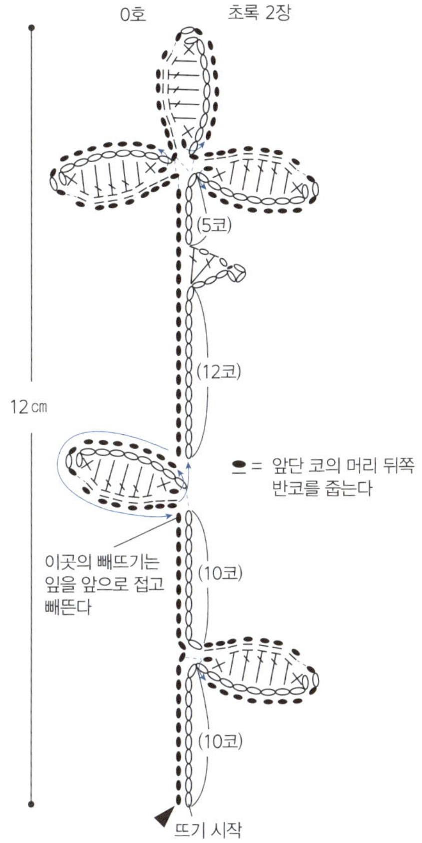

꽃 0호

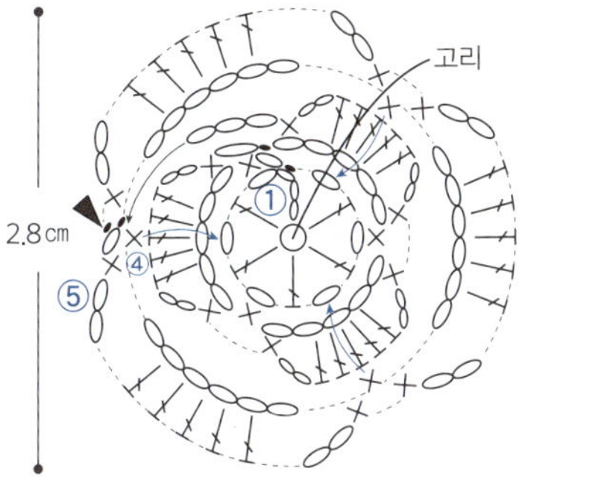

꽃의 배색과 장수

꽃	배색	장수
a	연한 분홍	6
b	아이보리	6
c	노랑	4
d	분홍	4

※넷째 단 짧은뜨기는 앞단 뒤쪽에서 화살표가 가리키는 첫째 단 사슬코에 한다

● = 앞단 코의 머리 뒤쪽 반코를 줍는다

이곳의 빼뜨기는 잎을 앞으로 접고 빼뜬다

뜨기 시작

마무리하기

줄기는 몸판 테두리뜨기에 단다
꽃은 줄기에 단다

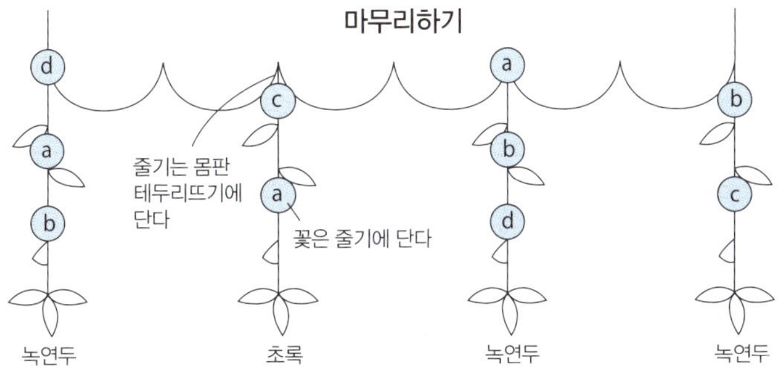

※ 몸판 아래위에 4줄씩 단다

2
Photo … p.8   Point Lesson … p.90

준비물
실 올림푸스 플루메리아/ 빨강 계열(4) 10g, 에미그란데/ 어두운 초록(238) 2g
기타 토호 브로치 핀/ 유화처리 실버(9-11-2) 1개
바늘 레이스용 코바늘 2호, 코바늘 3/0호

만드는 순서
1 롤 장미와 밑받침을 1장씩, 덩굴을 2장 뜬다.
2 마무리하기 그림을 참조하여 완성한다.

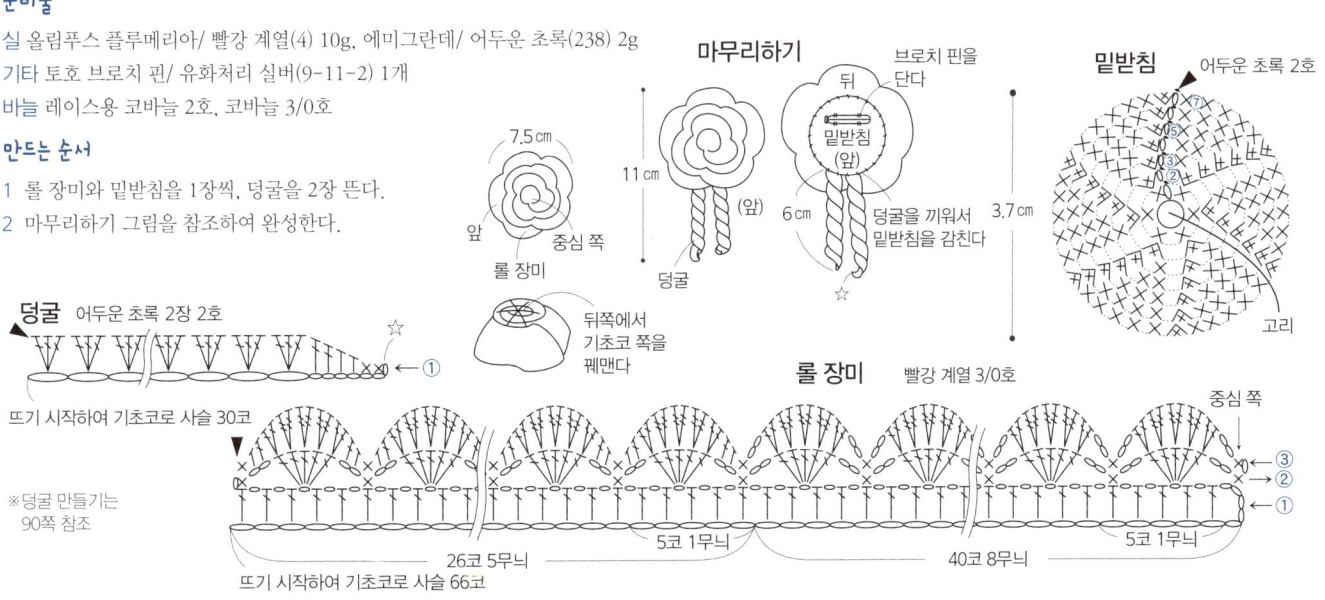

6 코르사주 · 7 반지 · 8 슈슈

How to knit 6, 7 ··· p.18   8 ··· p.19
Design & Knitting ··· 엔도 히로미

꽃잎을 돌돌 말아 만든 장미가 무척이나 아름답지요.
흔들리는 작은 봉오리는 어떤 꽃으로 활짝 피어날까요.

슈슈를 머리에 묶어 주면
분위기가 또 달라진답니다.
코르사주와 세트로 연출해 보세요.

6 Photo … p.16

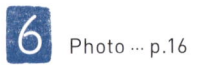

준비물

실 올림푸스 에미그란데〈카스리〉/ 흰색·분홍 계열 그러데이션(11) 3g씩, 에미그란데〈허브스〉/ 분홍(141) 3g, 에미그란데〈컬러즈〉/ 초록(244) 2g

기타 토호 브로치 핀/ 실버(9-11-2) 1개

바늘 레이스용 코바늘 0호

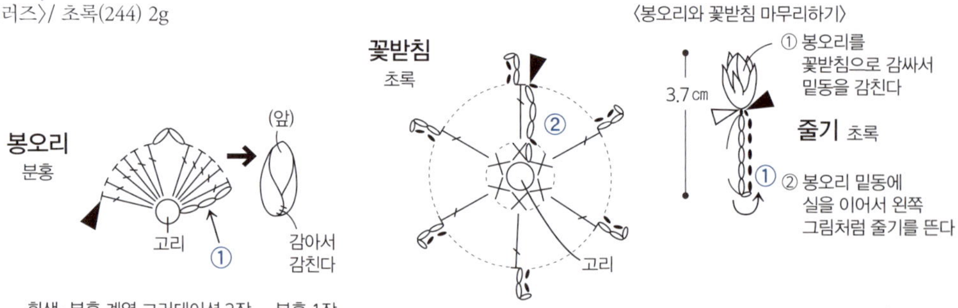

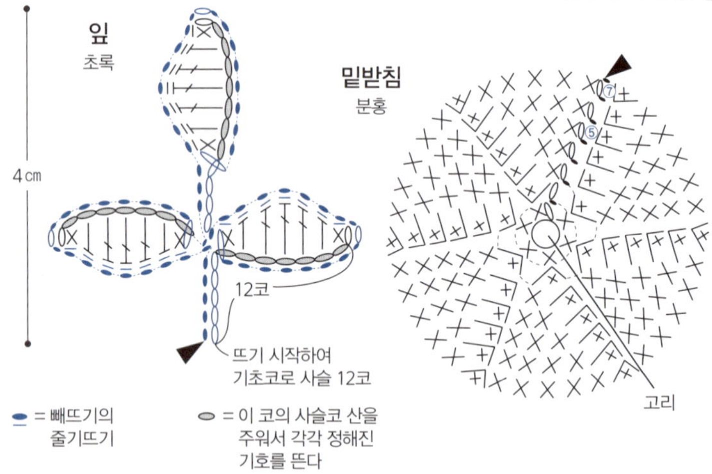

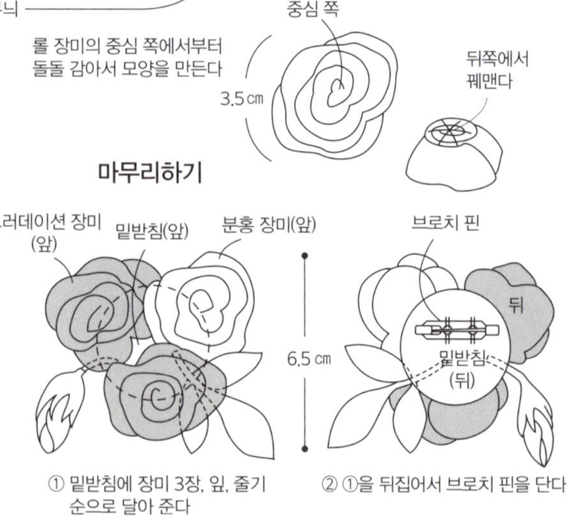

봉오리
분홍
(앞)
고리
①
감아서
감친다
꽃받침
초록
②
고리
〈봉오리와 꽃받침 마무리하기〉
3.7㎝
① 봉오리를
꽃받침으로 감싸서
밑동을 감친다
줄기 초록
② 봉오리 밑동에
실을 이어서 왼쪽
그림처럼 줄기를 뜬다

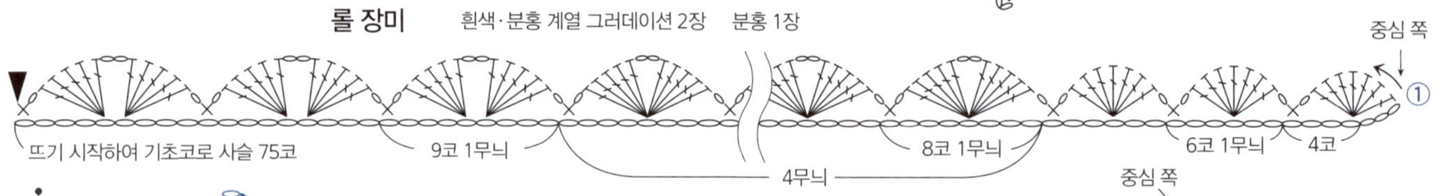

롤 장미
흰색·분홍 계열 그러데이션 2장
분홍 1장
중심 쪽
①
뜨기 시작하여 기초코로 사슬 75코
9코 1무늬
8코 1무늬
6코 1무늬
4코
4무늬

잎
초록
4㎝
12코
뜨기 시작하여
기초코로 사슬 12코
= 빼뜨기의
줄기뜨기
= 이 코의 사슬코 산을
주워서 각각 정해진
기호를 뜬다
밑받침
분홍
⑦
⑤
고리

중심 쪽
롤 장미의 중심 쪽에서부터
돌돌 감아서 모양을 만든다
3.5㎝
뒤쪽에서
꿰맨다
마무리하기
그러데이션 장미
(앞)
밑받침(앞)
분홍 장미(앞)
브로치 핀
6.5㎝
뒤
밑받침
(뒤)
① 밑받침에 장미 3장, 잎, 줄기
순으로 달아 준다
② ①을 뒤집어서 브로치 핀을 단다

7 Photo … p.16

준비물

실 올림푸스 에미그란데〈허브스〉/ 분홍(141) 조금, 에미그란데〈컬러즈〉/ 초록(244) 조금

기타 토호 와이어 링/ 실버(9-51-1) 1세트, 시드 비즈(지름 약 2~2.2㎜)/ 분홍(126) 78개

바늘 레이스용 코바늘 0호

반지 만드는 법

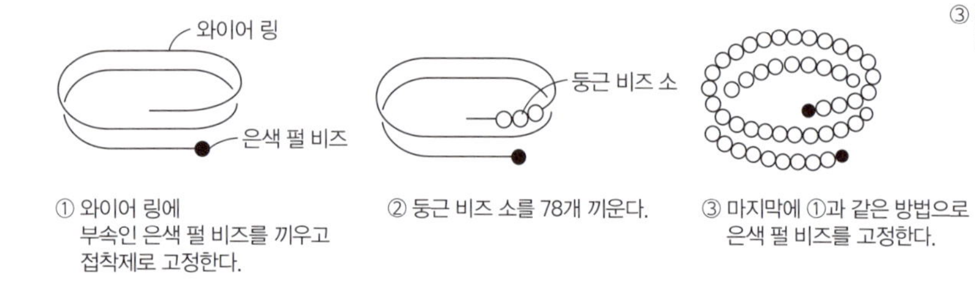

와이어 링
은색 펄 비즈
① 와이어 링에
부속인 은색 펄 비즈를 끼우고
접착제로 고정한다.
둥근 비즈 소
② 둥근 비즈 소를 78개 끼운다.
③ 마지막에 ①과 같은 방법으로
은색 펄 비즈를 고정한다.

마무리하기

② 작품6과 똑같이
꽃받침, 봉오리, 줄기를 떠서
마무리한다.
③ 반지에 ②를 초록 실로
감쳐서 붙인다.
둥근 비즈 소
① 반지 만드는 법을
참조하여 반지를 만든다.
은색 펄 비즈

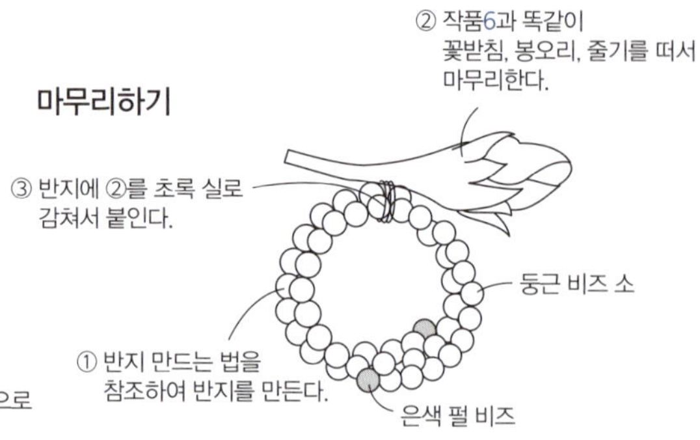

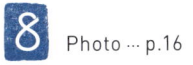

Photo ··· p.16

준비물
실 올림푸스 에미그란데〈허브스〉/ 꽃분홍(119) 10g, 에미그란데〈카스리〉/ 흰색·분홍 계열 그러데이션(11) 3g
기타 링 고무줄/ 0.4cm 너비 1개
바늘 레이스용 코바늘 0호

롤 장미

18쪽 작품 6과 같은 방법으로 떠서 만드는 롤 장미를 흰색·분홍 계열 그러데이션으로 2장 뜬다

10.5 cm

몸판 꽃분홍

☆ = 뜨기 시작하여 기초코로 사슬 108코

롤 장미 다는 자리

링 고무줄

○ 기초코

첫째 단 = 이 코의 사슬코 산을 주워서 링 고무줄을 감싸며 뜨듯이 짧은뜨기를 한다(4쪽 참조)
다섯째 단 = 남은 사슬코(실 2가닥)를 주워서 짧은뜨기를 한다

Photo ··· p.8

준비물
실 올림푸스 에미그란데/ 빨강(192) 7g, 어두운 초록(238) 5g, 에미그란데〈허브스〉/ 녹갈색(273) 2g
기타 토호 브로치 핀/ 유화처리 실버(9-11-2) 1개, 구름솜 조금
바늘 코바늘 2/0호

만드는 순서
1 작품4(10쪽 참조)의 롤 장미를 대 5장, 소 1장 뜬다.
2 밑받침A, B를 떠서, 뒷면끼리 맞대고 겹쳐서 구름솜을 조금 넣고 둘레를 감친다.
3 밑받침에 잎을 14장 떠 준다. 그림을 참조하여 밑받침에 롤 장미를 달아 준다.

마무리하기

밑받침A
밑받침B (앞)
반코를 주워서 감친다

잎
밑받침A (앞)

① 밑받침A, B를 뒷면끼리 맞대고 겹쳐서 구름솜을 조금 넣고 감친다.

② 밑받침A에 잎을 14장 떠 준다. (위 그림 참조)

밑받침

0.8 cm
밑받침B
⑤ 뒤쪽에 브로치 핀을 단다.

롤 장미

2.5 cm 1.5 cm
대   소

③ 작품4(10쪽 참조)와 같은 롤 장미를 빨강으로 대 5장, 소 1장 떠서 모양을 만든다.

롤 장미 (대)
롤 장미 (소)
8 cm

④ 밑받침A의 가운데에 롤 장미 소, 그 둘레에 롤 장미 대를 달아 준다.

잎
— = 어두운 초록
▓ = 녹갈색

● = 밑받침A 여덟째 단에 남은 앞쪽 가로실(반코)을 주워서 빼뜨기

※ 밑받침A: 밑받침의 1~8단까지 뜬다
밑받침B: 밑받침의 1~7단까지

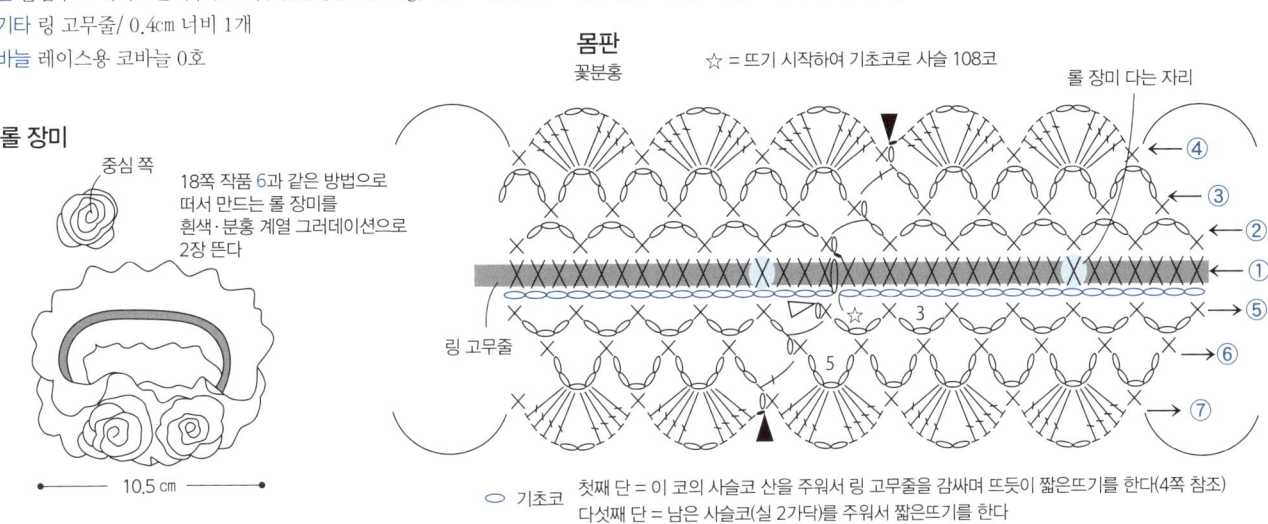

9 머리끈 · 10 슈슈

How to knit ⋯ p.22
Point Lesson 10 ⋯ p.4
Design & Knitting ⋯ 마쓰모토 가오루

세련된 디자인에 차분한 색감의 헤어 액세서리가 고상한 느낌을 줍니다.

11 슈슈

How to knit … p.23
Point Lesson … p.4
Design & Knitting … 마쓰모토 가오루

장미 꽃봉오리를 이어 달아서 어느 쪽에서 봐도 멋진 슈슈예요.

9 Photo ··· p.20

준비물

실 올림푸스 에미그란데〈컬러즈〉/ 남색(355) 5g, 초록(244) 조금
기타 링 고무줄/ 0.4㎝ 너비 1개
바늘 레이스용 코바늘 0호

만드는 순서

1 꽃잎은 실로 원형코를 만들어서 9장 뜬다. 꽃잎의 코를 주워서 줄기를 뜨며 이어 준다. 꽃술, 잎을 정해진 색으로 뜬다.
2 마무리하기를 참조하여 꽃술을 만들고, 꽃잎을 앞면이 겉으로 드러나도록 감아서 꿰맨다. 뒤쪽에 잎을 달고, 링 고무줄에 줄기 부분을 고정하여 완성한다.

마무리하기

꽃술 남색

잎 초록

※ 잎의 첫째 단을 뜬 뒤에 잎의 둘째 단과 셋째 단을 각각 떠 준다

꽃잎 남색 9장

줄기 남색

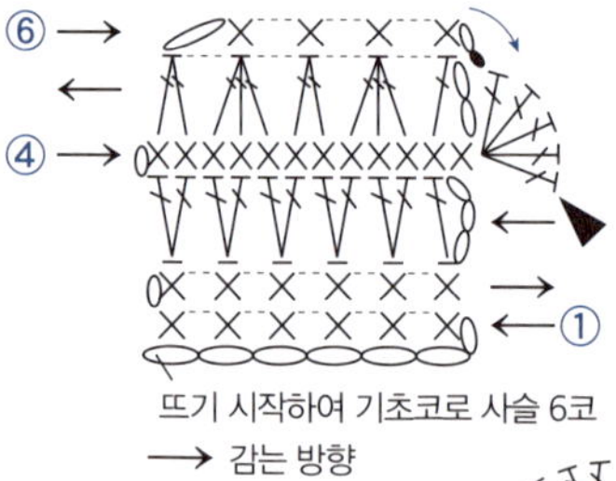

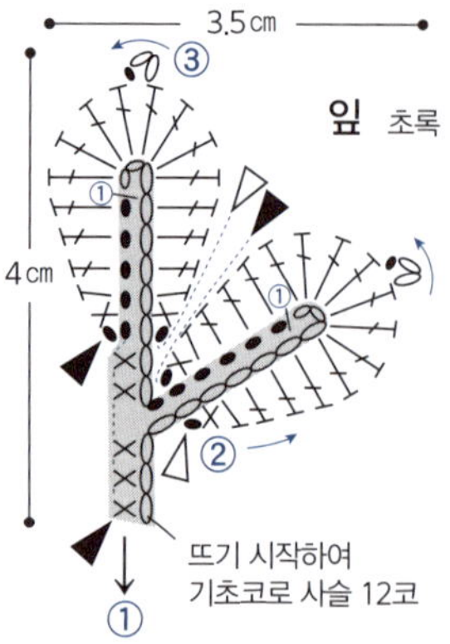

10 Photo ··· p.20 Point Lesson ··· p.4

준비물

실 올림푸스 플루메리아/ 남색 계열(8) 10g, 에미그란데/ 남색(335) 5g, 에미그란데〈컬러즈〉/ 초록(244) 5g
기타 링 고무줄/ 0.4㎝ 너비 1개
바늘 레이스용 코바늘 0호, 코바늘 4/0호

만드는 순서

1 몸판 첫째 단은 링 고무줄에 짧은뜨기, 셋째 단까지 뜬다. 둘째, 셋째 단의 뜨개바탕을 앞쪽으로 접고 첫째 단 코를 주워서 넷째부터 여섯째 단까지 뜬다.
2 롤 장미는 남색으로 2장 뜨고, 잎을 녹색으로 3장 뜬다.
3 롤 장미는 중심 쪽에서부터 돌돌 감아서 기초코 쪽을 꿰매어 모양을 만든다. 잎을 장미 뒤쪽에 달고, 몸판에 장미를 달아서 완성한다.

몸판 남색 계열 4/0호

마무리하기

롤 장미 남색 2장 0호

× (넷째 단) = 뜨개바탕의 둘째, 셋째 단 뒤쪽에서 첫째 단 짧은뜨기에 짧은뜨기를 해 준다

잎 초록 3장 0호

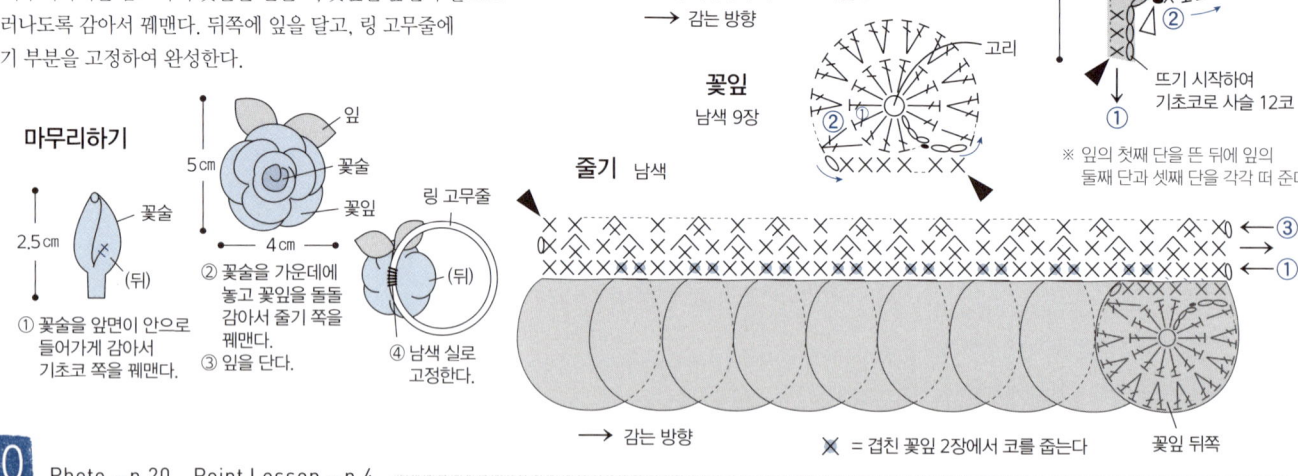

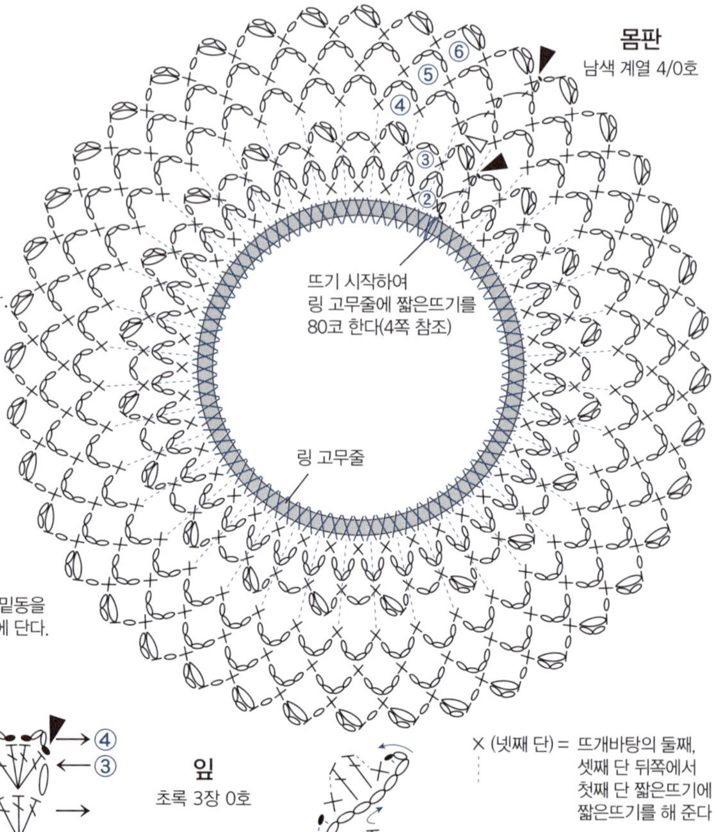

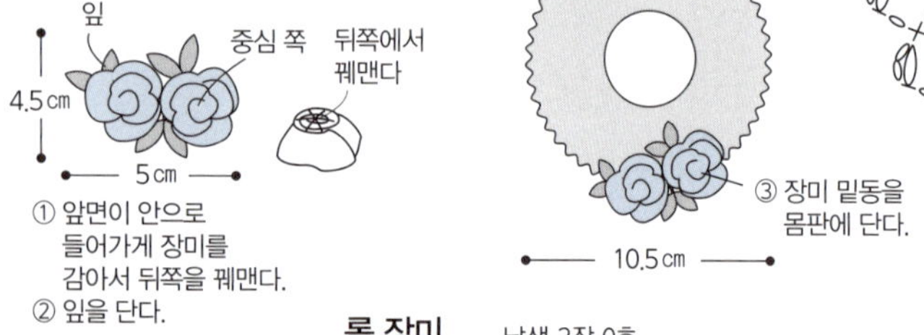

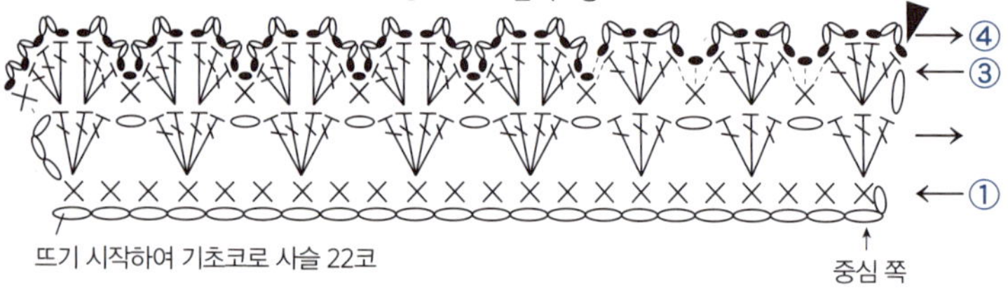

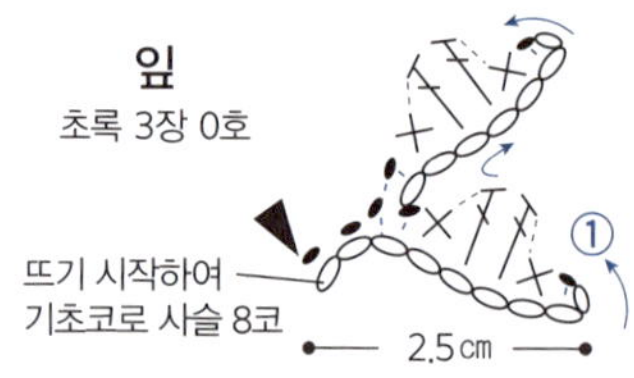

Photo … p.21 Point Lesson … p.4

준비물
실 올림푸스 리넨 네이처/ 아이보리(2)·청록(10) 10g씩, 연한 초록(9) 5g
기타 링 고무줄/ 0.4cm 너비 1개
바늘 코바늘 3/0호

만드는 순서
1 몸판은 그림1을 참조하여 기초코로 사슬 72코를 잡고, 링 고무줄을 감싸며 뜨면서 사슬코 산을 주워서 짧은뜨기를 해 준다. 둘째 단은 첫째 단 짧은뜨기 코와 기초코의 사슬코를 교대로 줍고(4쪽 참조), 셋째, 넷째 단은 그림2를 참조하여 뜬다.
2 봉오리는 기초코로 사슬 10코를 잡아서 5단 뜨고, 꽃받침은 실로 원형코를 만들어서 4단 뜬다.
3 마무리하기를 참조하여 봉오리를 앞면이 안으로 들어가게 감아서 기초코 쪽을 꿰매고, 꽃받침으로 봉오리를 감싸서 꿰맨다. 몸판에 봉오리와 꽃받침을 달아서 완성한다.

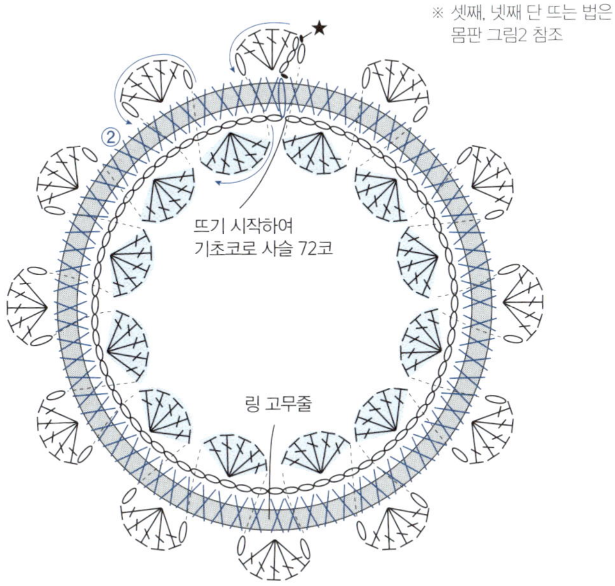

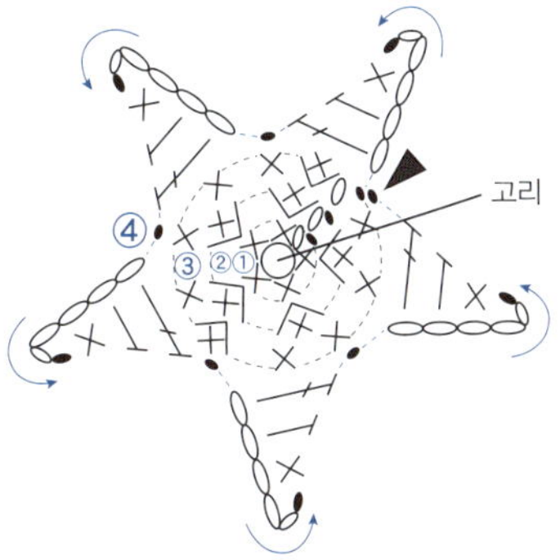

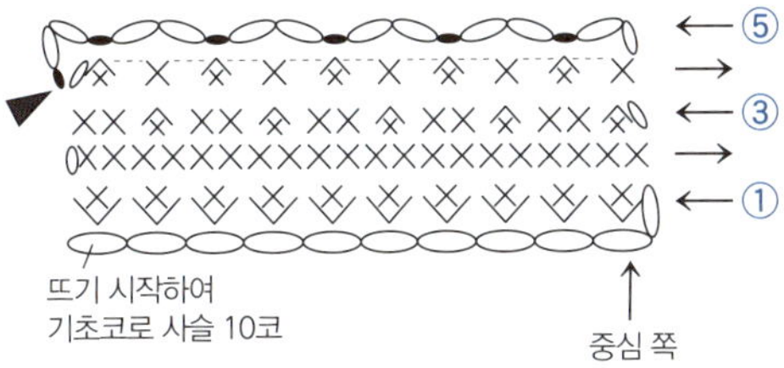

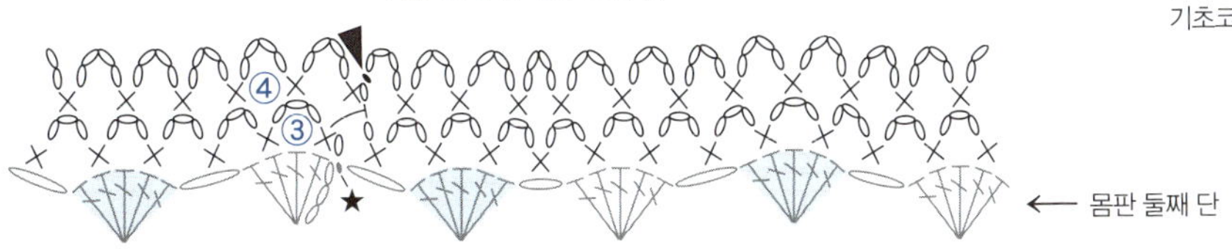

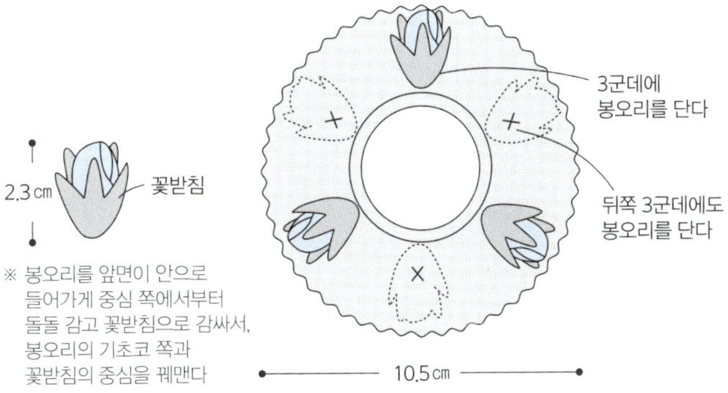

12 삼각 숄

How to knit … p.26
Design & Knitting … 오카모토 게이코, 고지마 후미에

피코 달린 그물뜨기로 뜬 몸판에
아이보리와 연한 베이지 모티브를
가득 곁들인 여성스러운
숄이랍니다.

피코가 사랑스러운 사다리꼴 몸판에
모티브 4종류를 하나하나 떠서 고르게 달았어요.

풍성한 꽃밭 같은 뒷모습에
절로 눈길이 갑니다.

12

Photo … p.24

준비물
실 올림푸스 에미그란데/ 오프화이트(851) 195g,
연한 베이지(810) 17g
바늘 코바늘 2/0호

게이지 가로 세로 각 10cm에 무늬뜨기 4.5무늬(27코) 13단

만드는 순서

1 몸판은 기초코로 사슬 301코를 잡아서 코를 늘리거나 줄이지 않고 무늬뜨기로 14단을 뜬다. 열다섯째 단부터는 양 옆에서 고리를 0.5개씩 줄이면서 26단을 뜬다. 기초코와 사선 부분에 테두리뜨기를 해 준다.
2 꽃, 잎, 열매 모티브를 오프화이트와 연한 베이지로 정해진 장수만큼 각각 뜬다.
3 마무리하기(89쪽)를 참조하여 모티브의 균형을 살피면서 배치를 결정한다. 모티브를 시침핀으로 고정한 뒤에 서로 만나는 부분과 겹치는 자리를 꿰매서, 오른쪽 끝, 왼쪽 끝, 위쪽 부분 총 3장을 만든다.
4 모티브를 이은 3장을 몸판에 겹치고 오프화이트 실로 꿰맨다.

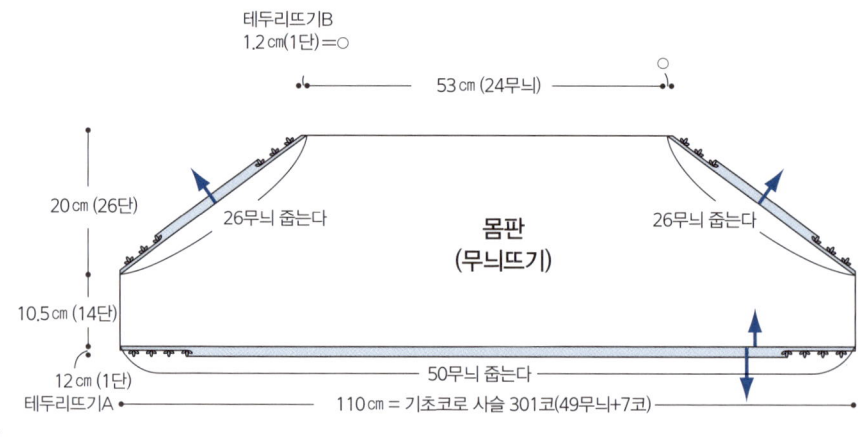

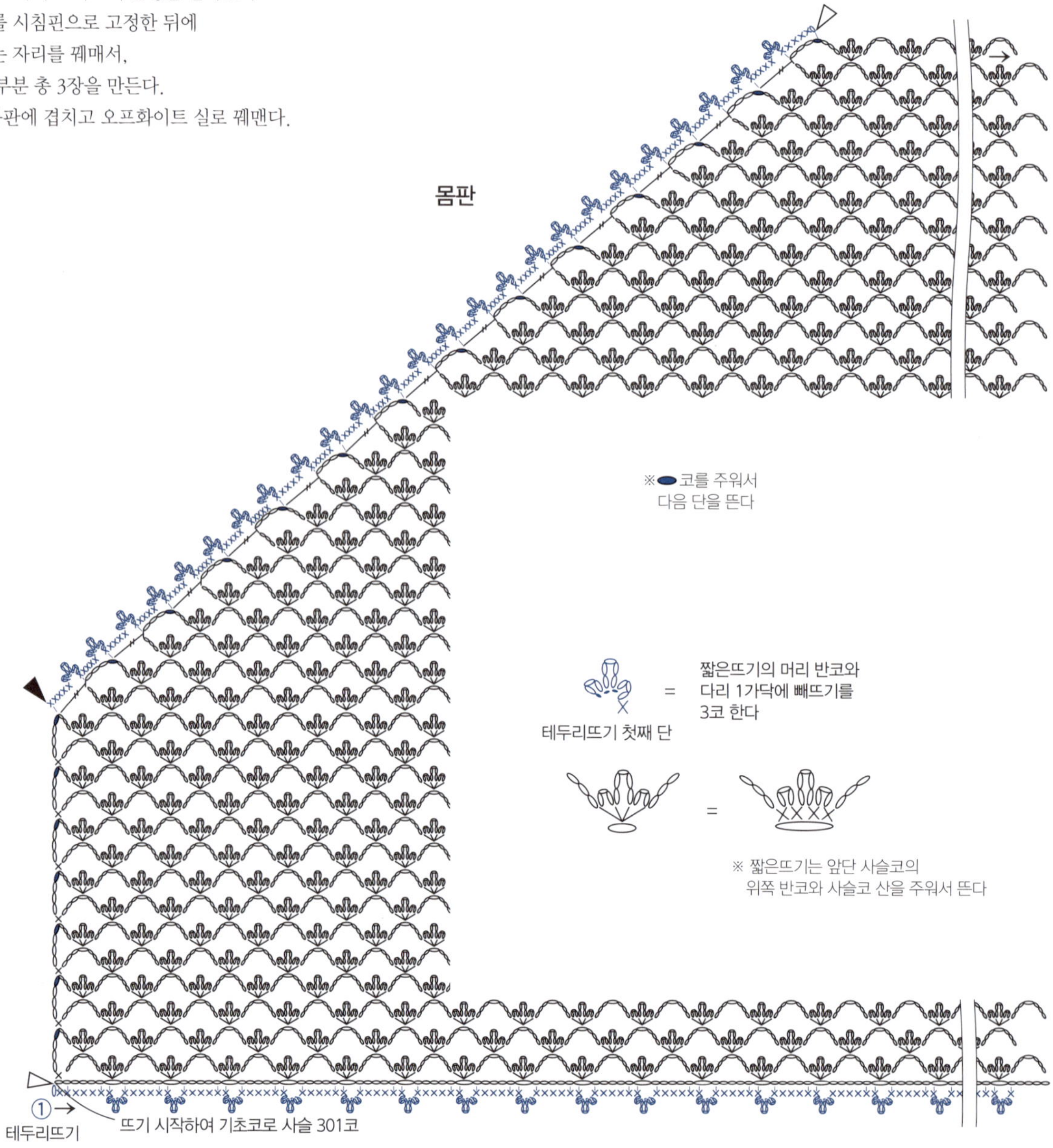

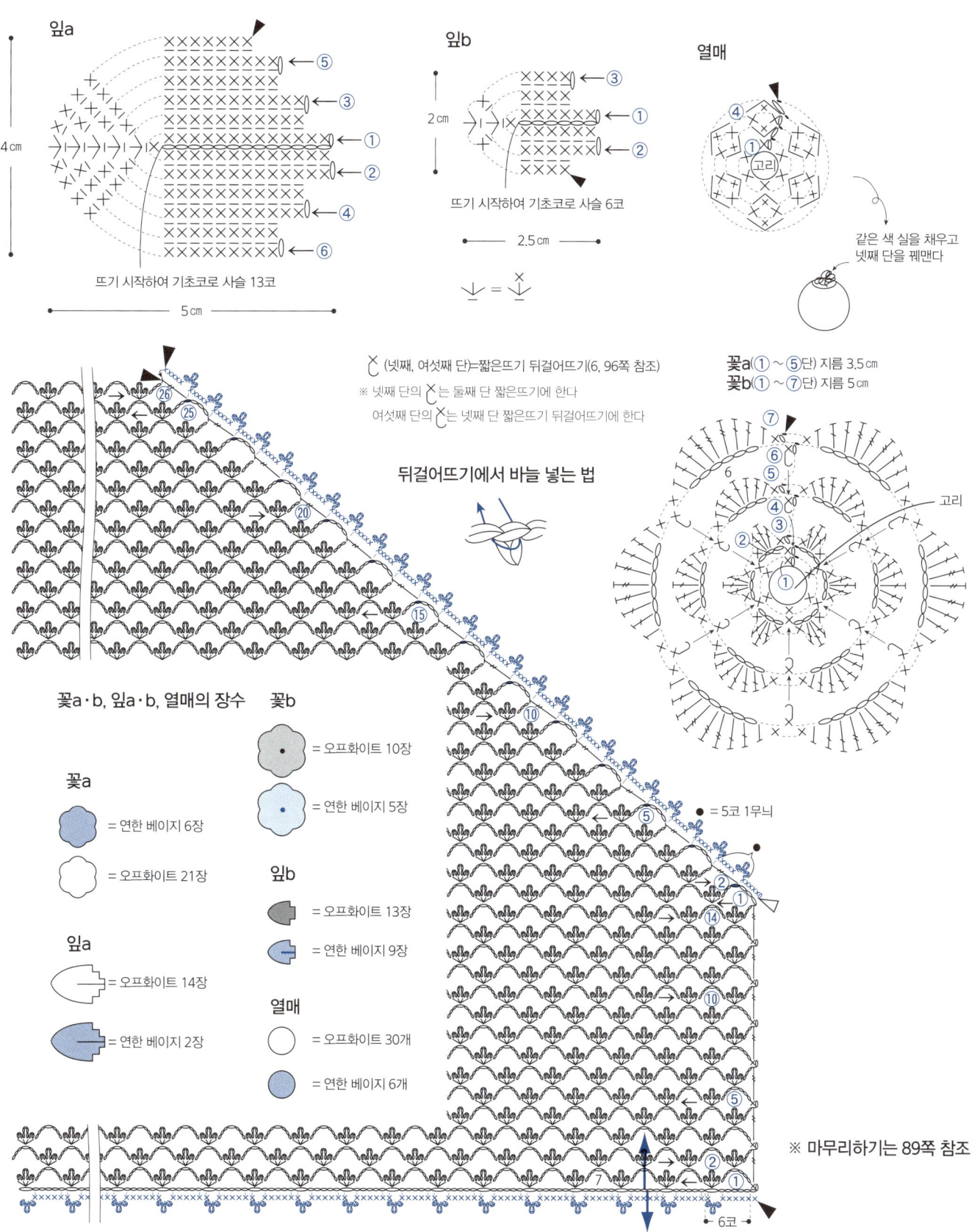

13 코르사주 · 14 슈슈

How to knit … p.30
Design & Knitting … 마쓰모토 가오루

한 송이 붉은 장미에 리본을 단 코르사주와 작은 리본 위에 장미를 올린 슈슈.
색 배합이 차분해 생각보다 튀지 않고 잘 어우러져요.

15 머리끈 · 16 슈슈

How to knit ··· p.31
Design & Knitting ··· 마쓰모토 가오루

분홍으로 포인트를 줘서
소녀처럼 사랑스러운 느낌이 드는 머리끈과 슈슈.
큼직한 리본이 눈길을 끌어요.

15

16

13 Photo ··· p.28

준비물
실 올림푸스 리넨 네이처/ 청록(10)·빨강(12) 4g씩,
실크&리넨 시폰/ 베이지(2) 3g
기타 토호 브로치 핀/ 유화처리 실버(9-11-1) 1개,
꽃철사 10cm, 구름솜 조금
바늘 코바늘 2/0·3/0호

만드는 순서
1 꽃잎, 꽃술, 줄기, 꽃받침, 리본을 뜬다.
2 마무리하기를 참조하여 만들고 브로치 핀을 달아서 완성한다.

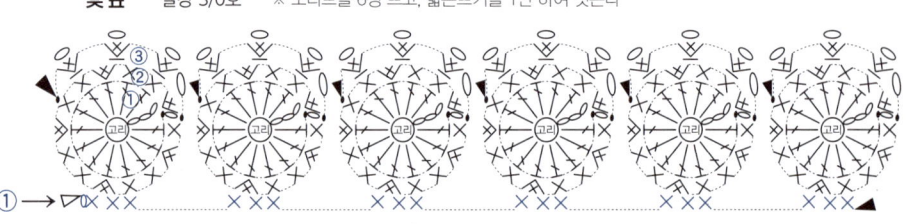

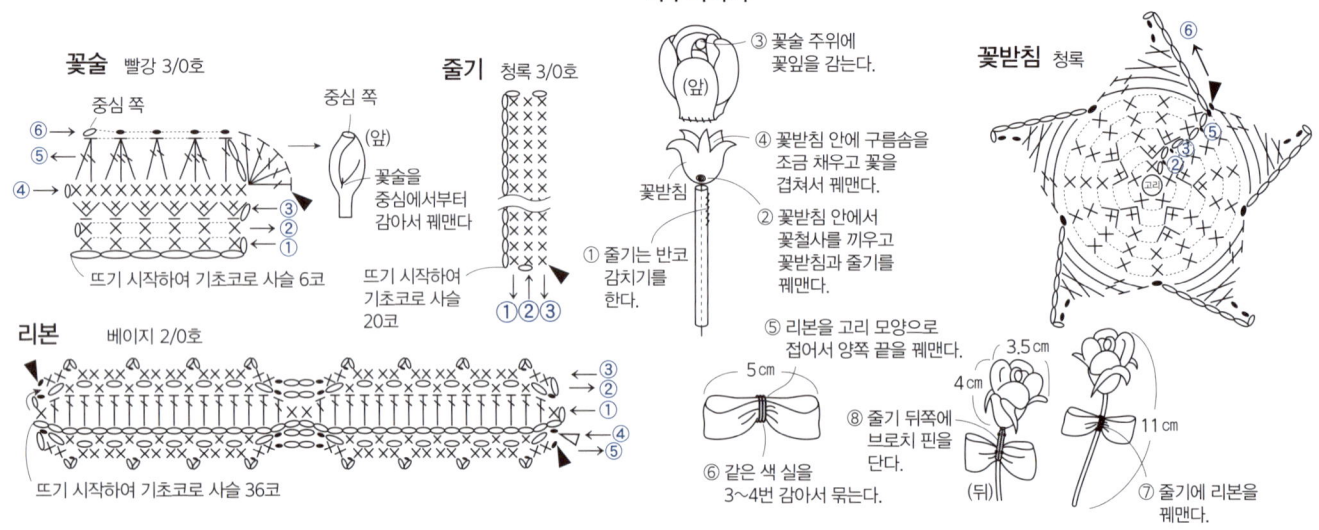

14 Photo ··· p.28

준비물
실 올림푸스 에미그란데〈비주〉/ 반짝이가 든 베이지(L740) 8g,
에미그란데〈허브스〉/ 빨강(190)·갈색(745) 3g씩
기타 링 고무줄/ 0.4cm 너비 1개
바늘 레이스용 코바늘 0호

만드는 순서
1 몸판 첫째 단은 링 고무줄에 짧은뜨기를 100코 하고 5단 뜬다.
2 롤 장미와 리본을 뜨고, 리본 가운데에 롤 장미를 겹쳐서 꿰맨다. 똑같은 것을 5쌍 만든다.
3 몸판의 무늬 2개마다 롤 장미를 붙인 리본을 달아서 완성한다.

15 Photo … p.29

준비물
실 올림푸스 실크&리넨 시퐁/ 분홍(3) 4g, 아이보리(1) 1g
기타 링 고무줄/ 0.4㎝ 너비 1개
바늘 코바늘 2/0호

만드는 순서
1 리본과 롤 장미를 뜬다.
2 마무리하기를 참조하여 리본을 접어서 감치고 같은 색 실로 조여 준다.
3 리본 가운데에 롤 장미를 달고, 리본 뒤쪽에 링 고무줄을 꿰매어 완성한다.

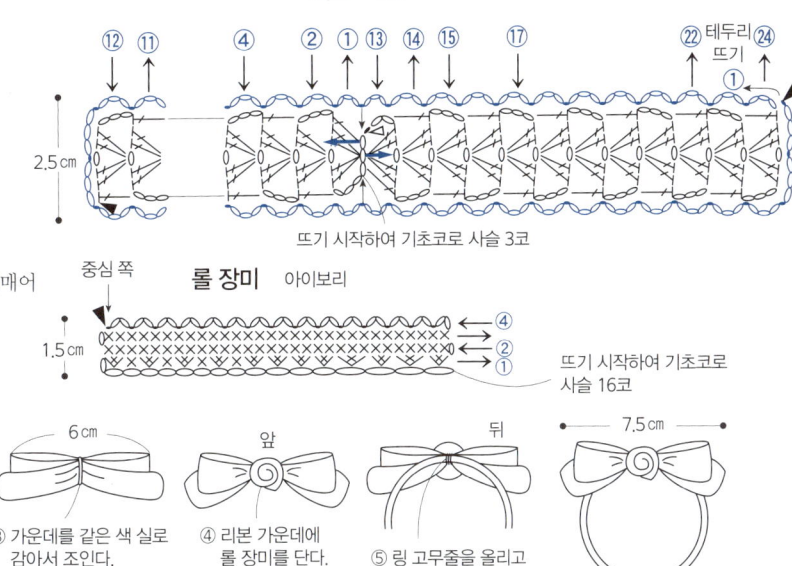

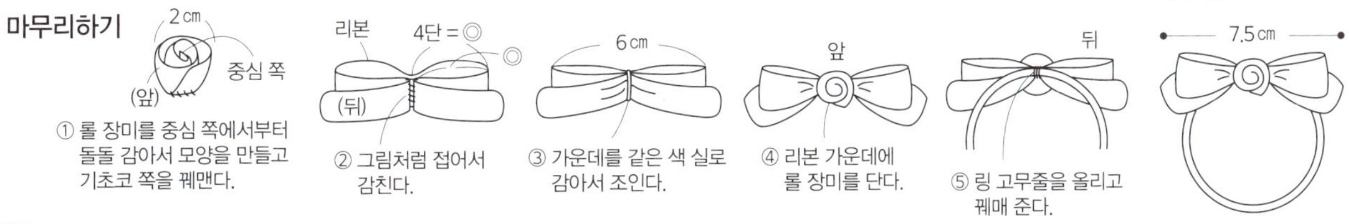

16 Photo … p.29

준비물
실 올림푸스 수플레〈세〉/ 흰색(101) 9g,
리넨 네이처/ 분홍(6)·진한 베이지(3) 3g씩
기타 링 고무줄/ 0.4㎝ 너비 1개
바늘 레이스용 코바늘 0호, 코바늘 3/0호

만드는 순서
1 몸판 첫째 단은 링 고무줄에 짧은뜨기를 해 준다.
2 리본과 롤 장미를 뜬다.
3 마무리하기를 참조하여 롤 장미와 리본을 붙인 것을 몸판에 달아서 완성한다.

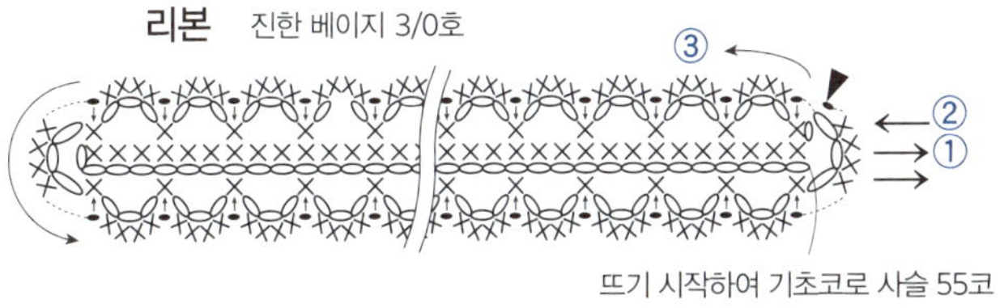

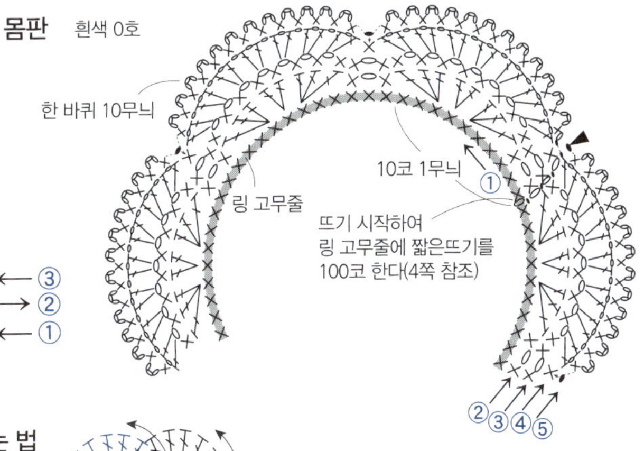

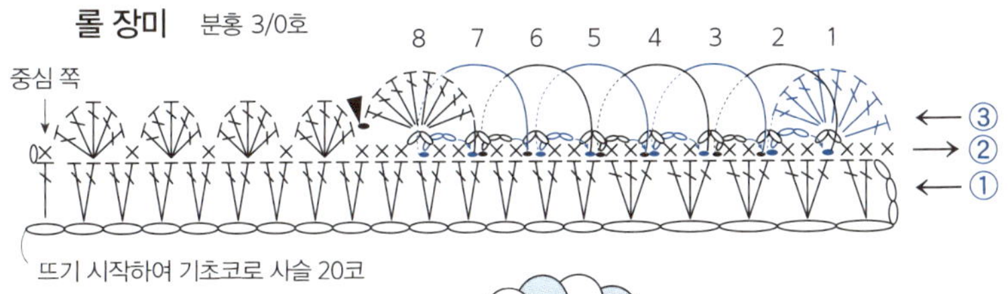

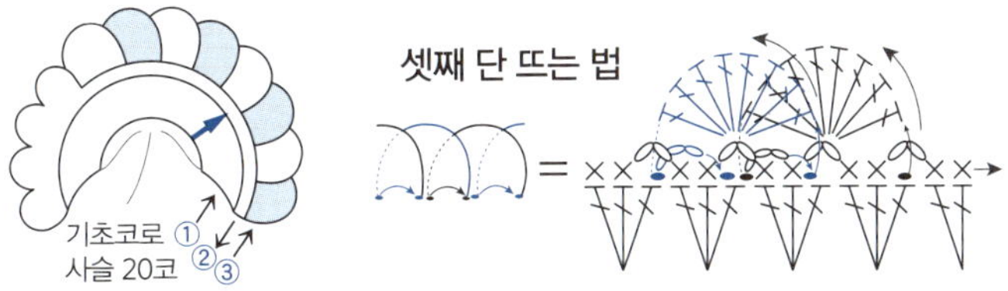

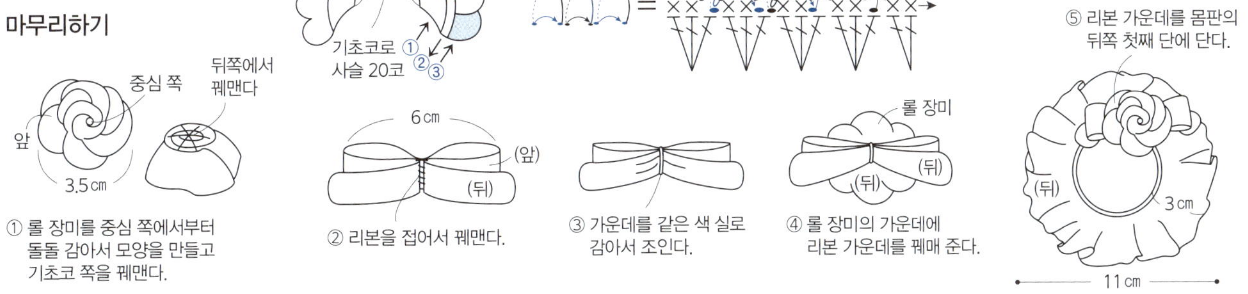

17 슈슈 · 18 머리끈 · 19 바나나핀 · 20 코르사주

How to knit 17, 18 … p.34   19, 20 … p.35   Point Lesson 18, 19 … p.5
Design & Knitting … 마쓰모토 가오루

장미 여섯 송이가 살며시 보여주는
색상이 멋지지요.

눈길을 확 끄는 노랑 장미.
짙고 옅은 두 가지 색으로
깊이를 표현해 보세요.

장미를 좌우 다르게 달아 표정의 차이를 연출했어요.

세련된 색상의 코르사주.
꽃잎의 섬세함을 느껴 보세요.

간결하게 정돈한 헤어스타일에
32쪽의 바나나핀으로 선명한 컬러를 더했어요.

17　Photo … p.32

준비물
실 다루마 뜨개실 고마키 Café 데미
/ 연한 갈색(11) 5g, 로즈핑크(4) 2g,
올리브색(15) 1g
기타 링 고무줄/ 0.4cm 너비 1개
바늘 코바늘 3/0호

만드는 순서
1 몸판 첫째 단은 링 고무줄에
짧은뜨기를 해 주고(4쪽 참조) 다섯째 단까지 뜬다.
2 장미 꽃봉오리는 꽃받침을 먼저
뜬 다음에 꽃잎을 떠 준다.
3 몸판 앞뒤에 장미 꽃봉오리를 단다.

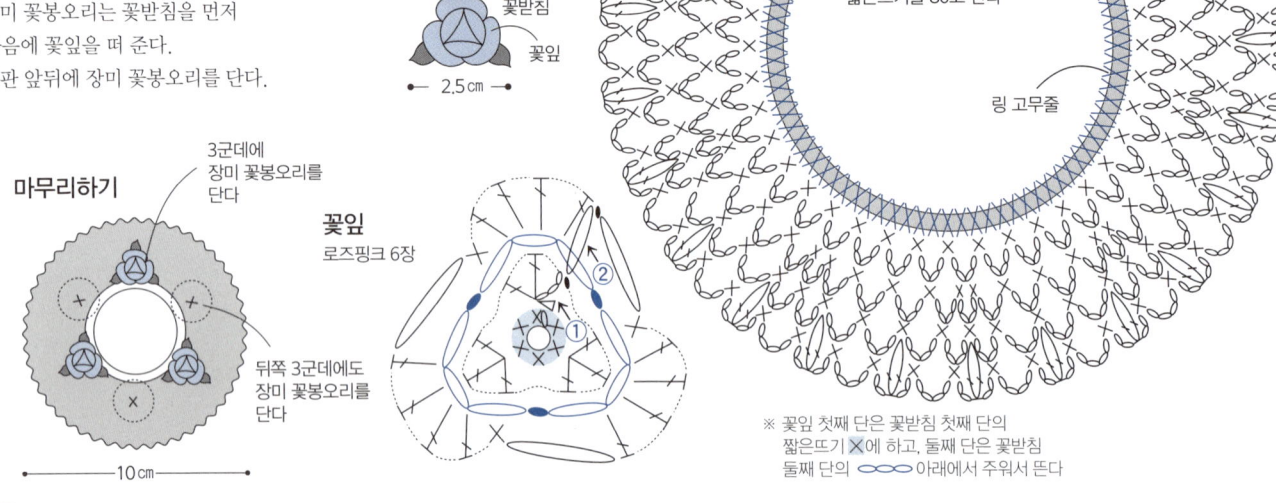

18　Photo … p.32　Point Lesson … p.5

준비물
실 다루마 뜨개실 고마키 Café 데미/ 노랑(5) 5g, 겨자색(6) 2g
기타 링 고무줄/ 0.4cm 너비 1개
바늘 코바늘 3/0호

만드는 순서
1 롤 장미는 실로 원형코를 만들어서 2단 뜨고 실을 자른다.
둘째 장부터 다섯째 장까지는 앞의 꽃잎을 이으면서 뜨고,
여섯째 장부터 열두째 장까지는 1장씩 뜬다.
2 롤 장미 아래쪽을 짧은뜨기로 잇는다.
3 마무리하기를 참조하여 만든다.

19

Photo … p.32　Point Lesson … p.5

준비물
실 다루마 뜨개실 고마키 Café 데미/ 빨강(8) 5g, 주황(7) 3g, 초록(14) 1g
기타 바나나핀/ 11.5×1.5㎝ 1개
바늘 코바늘 3/0호

만드는 순서
1 꽃술, 꽃잎, 잎을 뜬다.
2 꽃술 1장과 꽃잎 3장을 장미 만들기를 참조하여 모양을 만들고 잎을 단다.
똑같은 것을 2개 더 만든다.
3 마무리하기를 참조하여 핀에 장미를 단다.

장미 만들기

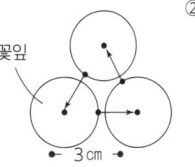
① 꽃술 안쪽에 같은 색 실을 채우고 돗바늘로 꿰맨다(5쪽 참조).

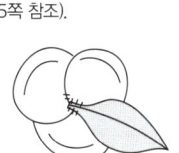
② 꽃잎 첫째 장의 가운데에 옆의 꽃잎 끝을 꿰맨다. 둘째 장, 셋째 장도 같은 방법으로 꿰매고, 셋째 꽃잎 가운데에 첫째 꽃잎의 끝을 꿰맨다(5쪽 참조).

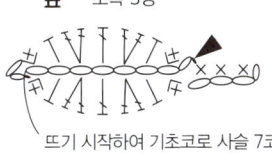
③ 꽃잎 3장의 가운데에 꽃술을 넣어 아래쪽을 꿰매고 잎을 단다.

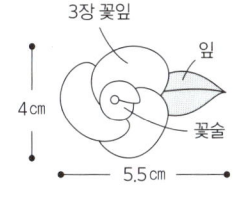

꽃술 빨강 2장 주황 1장

잎 초록 3장
뜨기 시작하여 기초코로 사슬 7코

꽃잎 빨강 6장 주황 3장
고리

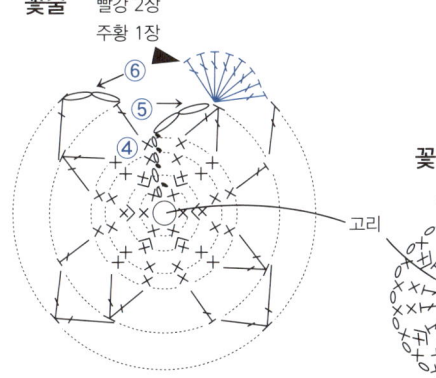

마무리하기
장미와 같은 색 실로 핀과 장미 아래쪽을 꿰매 준다.

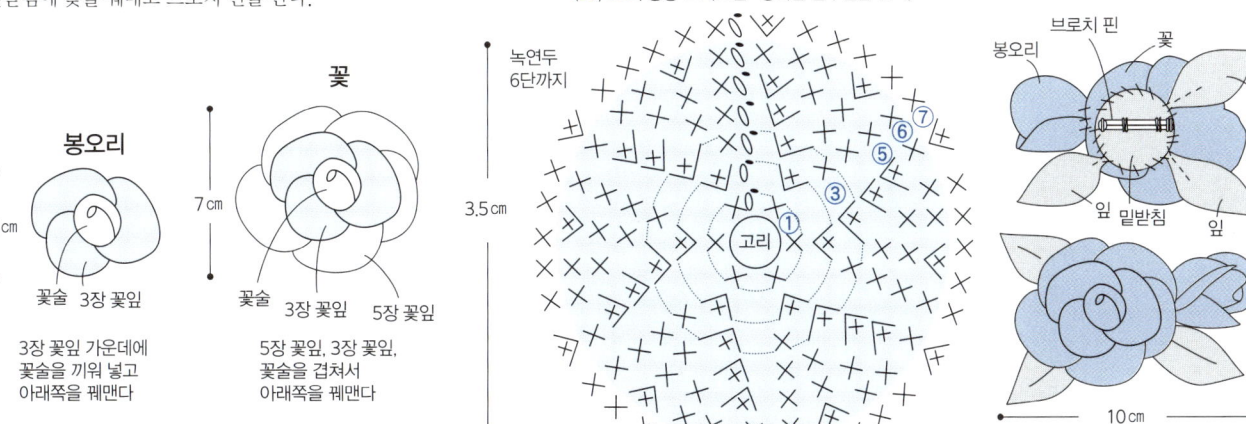

20

Photo … p.32

준비물
실 다루마 뜨개실 고마키 Café 아이부토
/ 팥색(7) 14g, 녹연두(10) 3g
기타 토호 브로치 핀
/ 유화처리 실버(9-11-3) 1개
바늘 코바늘 5/0호

만드는 순서
1 꽃술, 꽃잎, 잎은 19와 같은 방법으로 뜬다.
2 꽃술, 꽃잎을 19의 장미 만들기를 참조하여 꽃과 봉오리 모양으로 만든다.
3 밑받침을 뜨고, 마무리하기를 참조하여 꽃에 봉오리와 잎을, 밑받침에 꽃을 꿰매고 브로치 핀을 단다.

꽃잎 팥색 11장
19와 같은 방법으로 뜬다

5장 꽃잎 1쌍　3장 꽃잎 2쌍

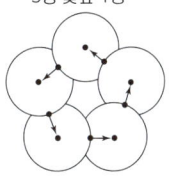 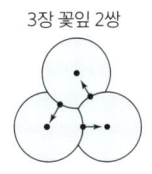

※ 5장 꽃잎, 3장 꽃잎 모두 꽃잎 끝을 옆 모티브의 뒤쪽 가운데에 꿰맨다

잎 녹연두 3장
19와 같은 방법으로 뜬다

꽃술 팥색 2장
19와 같은 방법으로 뜬다

꽃 만드는 법
19의 장미 만들기와 같은 방법으로 만든다

마무리하기
① 밑받침에 꽃을, 꽃에 봉오리와 잎을 꿰맨다.
② 브로치 핀을 달아 준다.

봉오리
꽃술　3장 꽃잎
3장 꽃잎 가운데에 꽃술을 끼워 넣고 아래쪽을 꿰맨다

꽃
꽃술　3장 꽃잎　5장 꽃잎
5장 꽃잎, 3장 꽃잎, 꽃술을 겹쳐서 아래쪽을 꿰맨다

밑받침
(20, 23의 공통 뜨개도안·정해진 단수만큼 뜬다)
녹연두 6단까지
고리

21 래리어트

How to knit … p.38
Design & Knitting … 엔도 히로미

알록달록한 롤 장미가 귀여운 래리어트.
복합사로 뜬 이파리와 줄기가
풍부한 표정을 보여 줍니다.

22 미니 머플러 · 23 코르사주

How to knit ··· p.39
Design & Knitting ··· 엔도 히로미

단순한 뜨개바탕에 스캘럽(소맷부리나 옷자락 등에 부채꼴이나 물결 모양의 천을 이어 댄 장식—옮긴이)으로 귀여움을 더한 와인색 미니 머플러.
머플러에 코르사주를 달기만 해도 금세 화사해진답니다.

21 Photo ... p.36

준비물

실 다루마 뜨개실 고마키 Café 아이부토/ 올리브색 계열 복합사(104) 13g,
고마키 Café 데미/ 연한 분홍(1)·분홍(2)·밝은 주황(3) 4g씩,
로즈핑크(4)·노랑(5)·아이보리(9) 3g씩
바늘 코바늘 4/0호

만드는 순서

1 몸판은 길이가 다른 A와 B, 2줄을 뜬다.
2 롤 장미는 표의 색과 개수를 참조하여 기초코로 사슬 17코를 잡아서 뜬다.
3 롤 장미는 중심 쪽에서부터 돌돌 감아서 모양을 만들고 기초코 쪽을 꿰맨 뒤에 실 끝을 남긴다.
4 남긴 실을 이용하여 몸판에 롤 장미를 달아 준다.

롤 장미

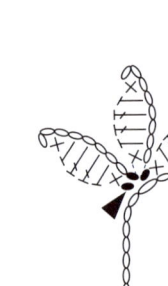

뜨기 시작하여 기초코로 사슬 17코

※ 색과 개수는 표 참조

중심 쪽

몸판
올리브색 계열
복합사 A, B 1줄씩

롤 장미 만드는 법

중심 쪽

약 2.5cm

중심 쪽에서부터 돌돌 감아서 뒤쪽을 꿰맨다

롤 장미의 색과 개수 표

롤 장미	색	개수 (A)	개수 (B)
a	밝은 주황	3개	3개
b	연한 분홍	6개	
c	로즈핑크	5개	
d	분홍	3개	4개
e	아이보리		4개
f	노랑		4개

마무리하기
롤 장미의 실 끝을 몸판에 감은 뒤에 꿰맨다

〈뒤쪽〉

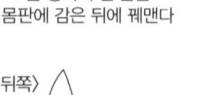

몸판B
롤 장미 15개를 단다

몸판A
롤 장미 17개를 단다

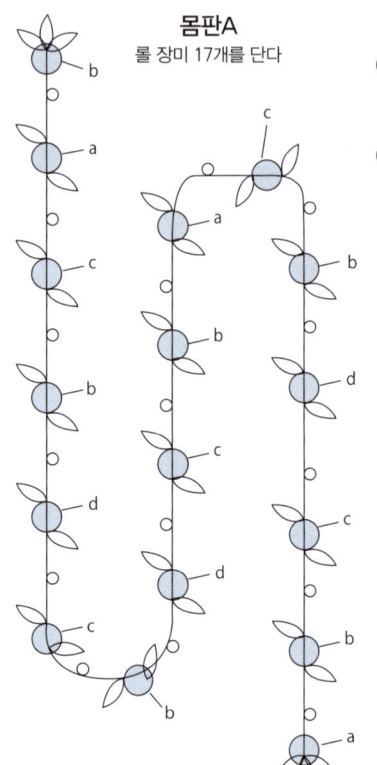

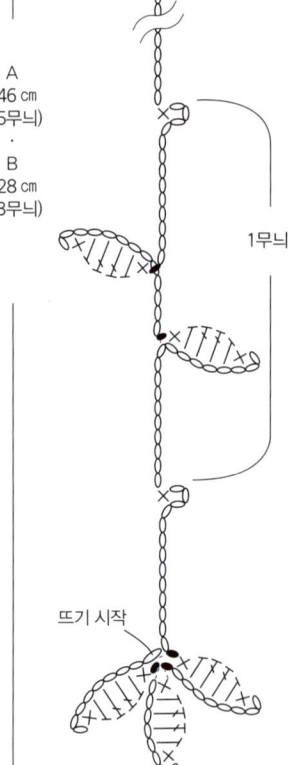

A 146cm (15무늬)
·
B 128cm (13무늬)

1무늬

뜨기 시작

22 Photo … p.37

준비물
실 다루마 뜨개실 고마키 Café 헤어리/
로즈와인(6) 45g
바늘 코바늘 6/0호

만드는 순서
1 몸판은 기초코로 사슬 36코를 잡아서 무늬뜨기로 125단 뜨고, 계속해서 테두리뜨기를 2단 한다.
2 기초코 아래에서 코를 주워서 테두리뜨기를 2단 한다.

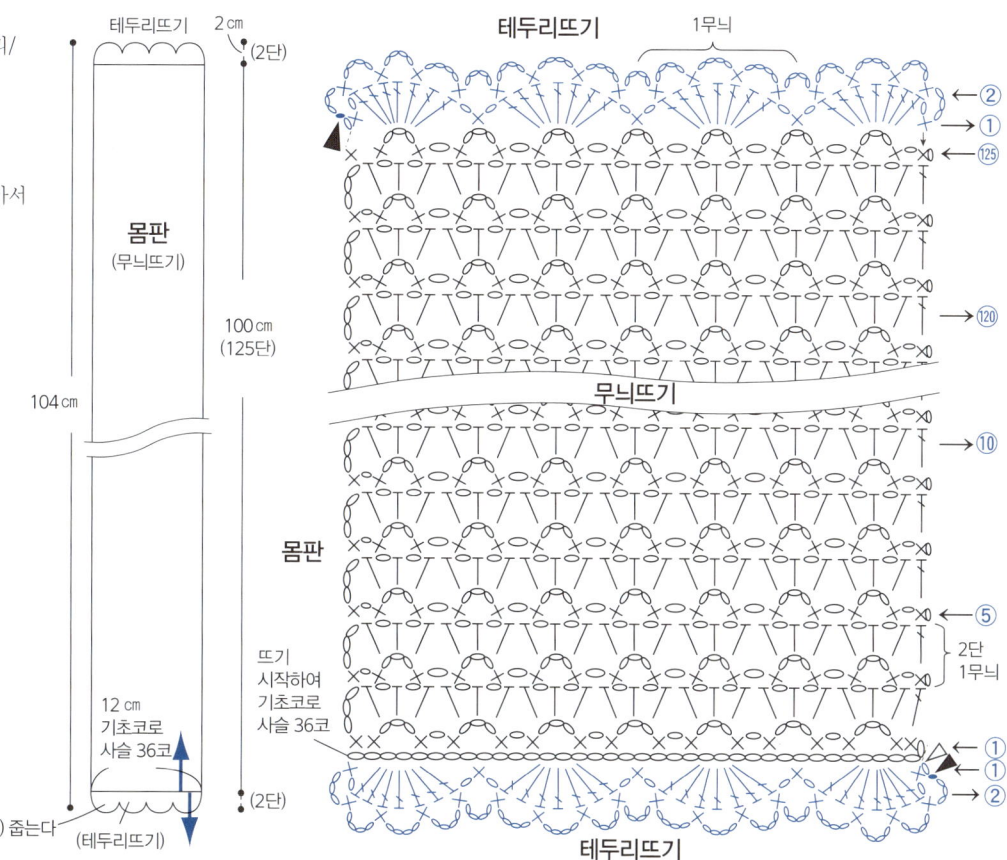

23 Photo … p.37

준비물
실 다루마 뜨개실 고마키 Café 데미/ 로즈핑크(4) 4g, 빨간 자주(23) 2g, 분홍(2)·밝은 주황(3)·초록(14)·어두운 초록(16) 1g씩
기타 토호 브로치 핀/ 골드(9-11-2) 1개
바늘 코바늘 4/0호

만드는 순서
1 롤 장미는 기초코로 사슬 61코를 잡아서, a는 도중에서 색을 바꾸고 b와 c는 한 가지 색으로 뜬다.
2 롤 장미는 중심 쪽에서부터 돌돌 감아서 모양을 만들고 기초코 쪽을 꿰맨다.
3 1장 잎, 2장 잎 모두 기초코로 사슬 8코를 잡아서 뜬다. 2장 잎의 둘째 잎은 색을 바꾼다.
4 밑받침은 실로 원형코를 만들어서 뜨고, 롤 장미와 잎을 꿰매어 단다.

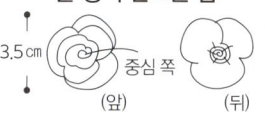

롤 장미 배색표

롤 장미	기초코, 첫째 단	첫째 단
a	분홍	밝은 주황
b	로즈핑크	로즈핑크
c	빨간 자주	빨간 자주

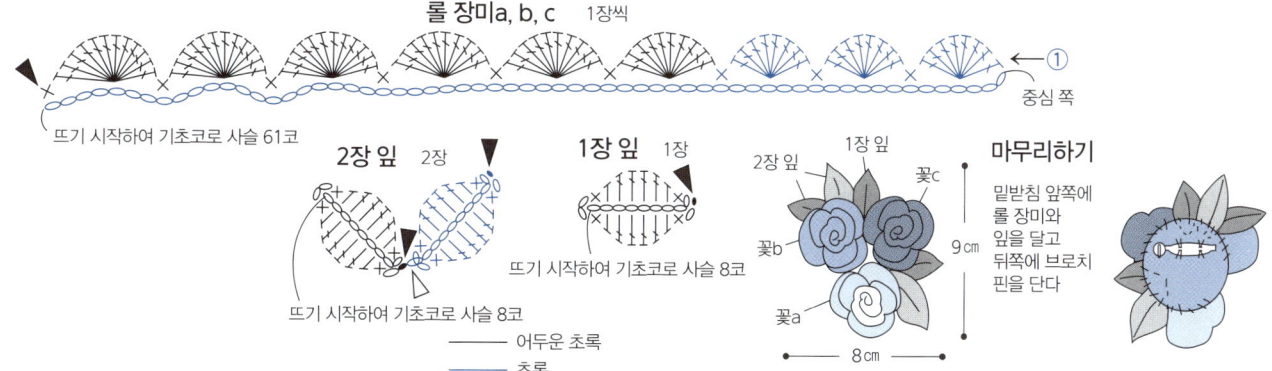

24 코르사주

How to knit ⋯ p.42
Point Lesson ⋯ p.90
Design & Knitting ⋯ 이마무라 요코

자그마하고 귀여운 부케 코르사주.
부드러운 색감으로 일상을 소소하게 물들여 보세요.

25 덧칼라

How to knit … p.43
Design & Knitting … 세리자와 게이코

아이리시 들장미와 잎맥이 예쁜 잎사귀가
목둘레에서 가볍게 흔들리는 낭만적인 덧칼라.

Photo … p.40　Point Lesson … p.90

준비물

실 올림푸스 에미그란데/ 아이보리(804)·녹연두(243)·노란 주황(161) 3g씩
기타 토호 브로치 핀/ 실버(9-11-8) 1개, 접착제, 와이어#28 70cm, 3mm 너비 리본 15cm
바늘 레이스용 코바늘 2호

만드는 순서

1. 롤 장미는 기초코로 사슬 31코를 잡아서 2단 뜬다. 중심 쪽에서부터 돌돌 감아서 모양을 만들고 기초코 쪽을 꿰맨다.
2. 봉오리는 기초코로 사슬 10코를 잡아서 2단 뜬다. 중심 쪽에서부터 돌돌 감아서 모양을 만들고 아래쪽을 꿰맨다.
3. 줄기는 기초코로 사슬뜨기를 하고, 와이어를 넣어서 짧은뜨기를 1단 한다(90쪽 참조).
4. 잎은 기초코로 사슬 15코를 잡아서 줄기 부분에 3과 같은 방법으로 와이어를 넣어서 감싸며 뜨고, 계속해서 잎 3장을 뜬다.
5. 꽃받침은 실로 원형코를 만들어서 A는 4단, B는 3단 뜬다.
6. 마무리하기를 참조하여 롤 장미, 봉오리, 꽃받침, 줄기를 만든다.
7. 6의 줄기와 잎의 줄기 부분을 다발지어서, 줄기의 반 정도 되는 곳을 꿰매서 마무리한다. 뒤쪽에 브로치 핀을 단다.
8. 리본은 브로치 핀 위로 지나가게 해서 리본 매듭을 짓는다.

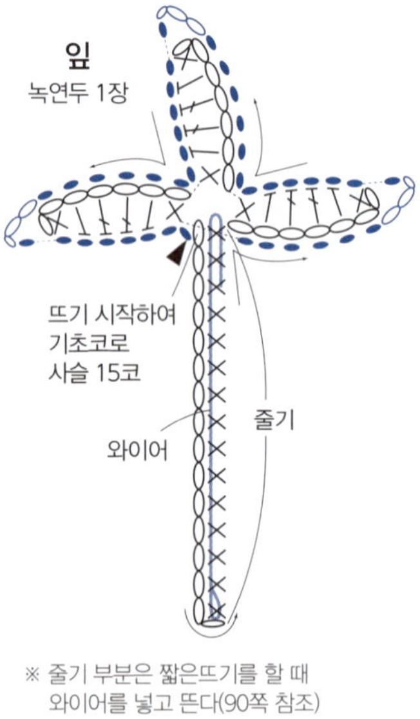

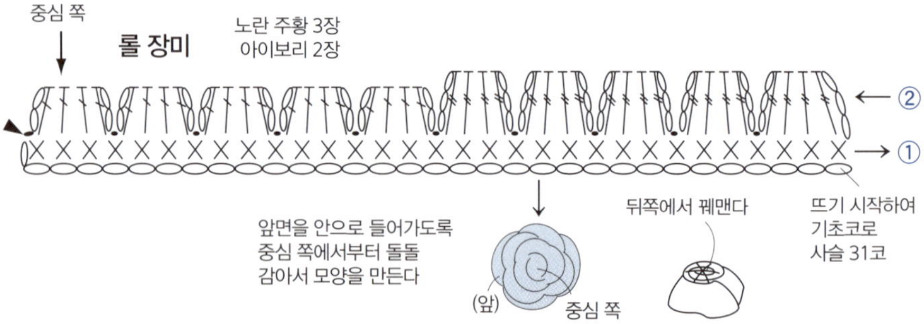

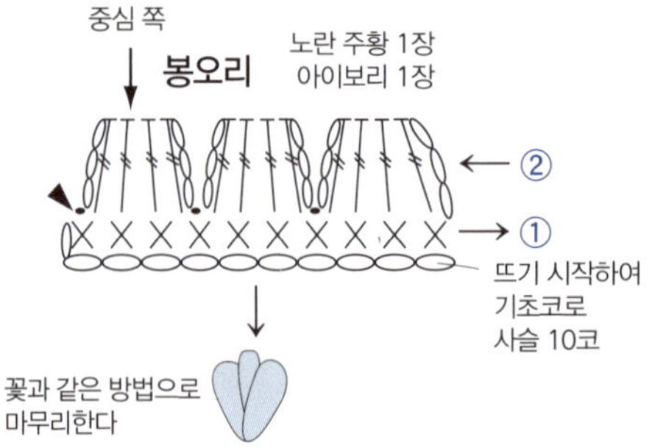

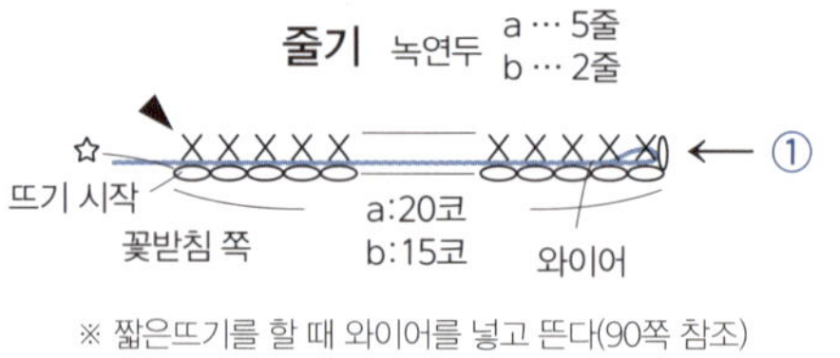

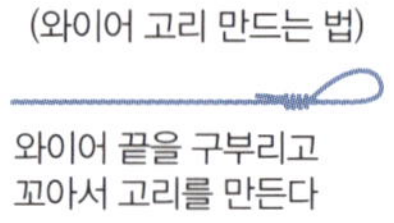

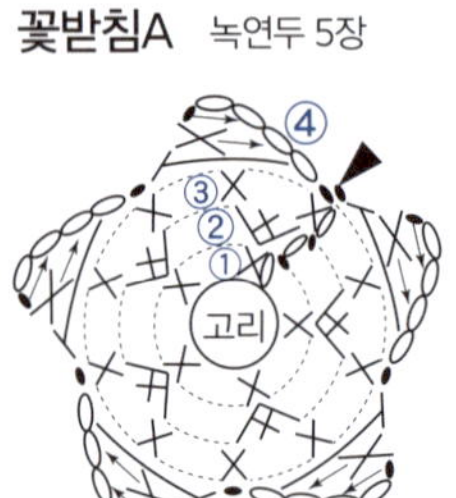

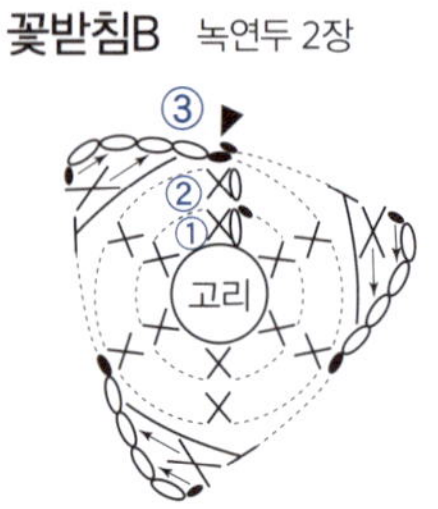

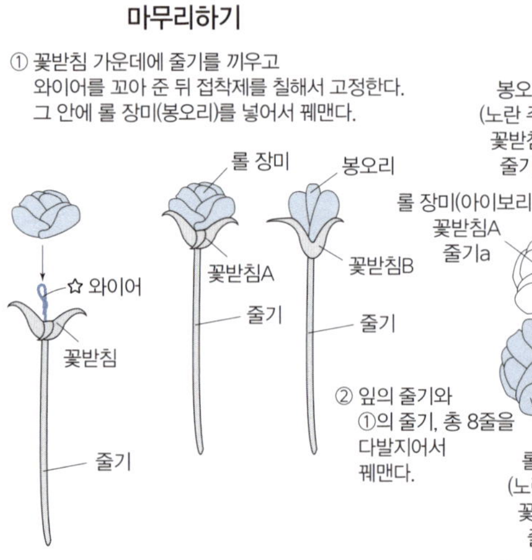

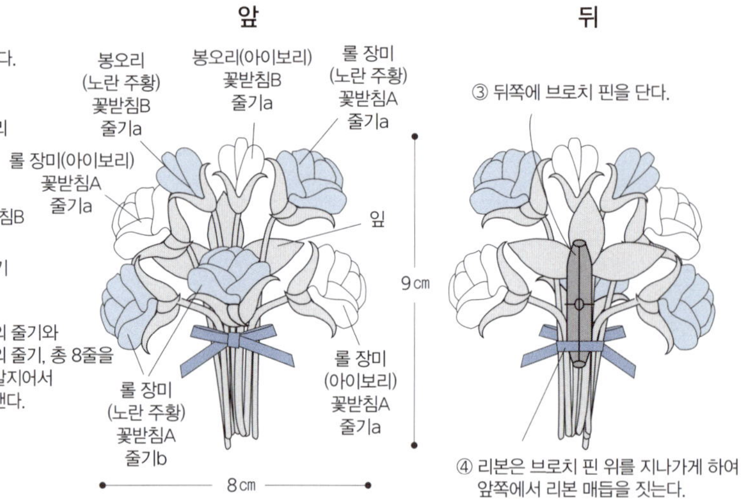

준비물
실 DMC 바빌로 10번/ 베이지(842) 13g
기타 지름 1cm 단추/ 흑갈색 1개
바늘 레이스용 코바늘 2호

만드는 순서
1 꽃 모티브는 실로 원형코를 만들어서 7단 뜬다. 이것을 9장 뜬다.
2 잎 모티브는 기초코로 사슬 7코를 잡아서 7단 뜬다. 일곱째 단에서 이웃하는 꽃 모티브에 이으면서 10장 뜬다.
3 2에서 뜨면서 이은 모티브 안쪽에 테두리뜨기를 한다. 둘째 단 끝에서 사슬 9코로 단춧고리를 뜨고 셋째 단을 뜬다.
4 테두리뜨기의 다는 자리에 단추를 단다.

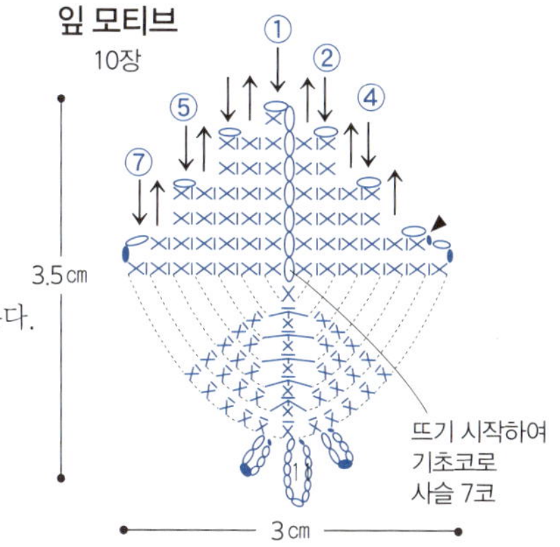

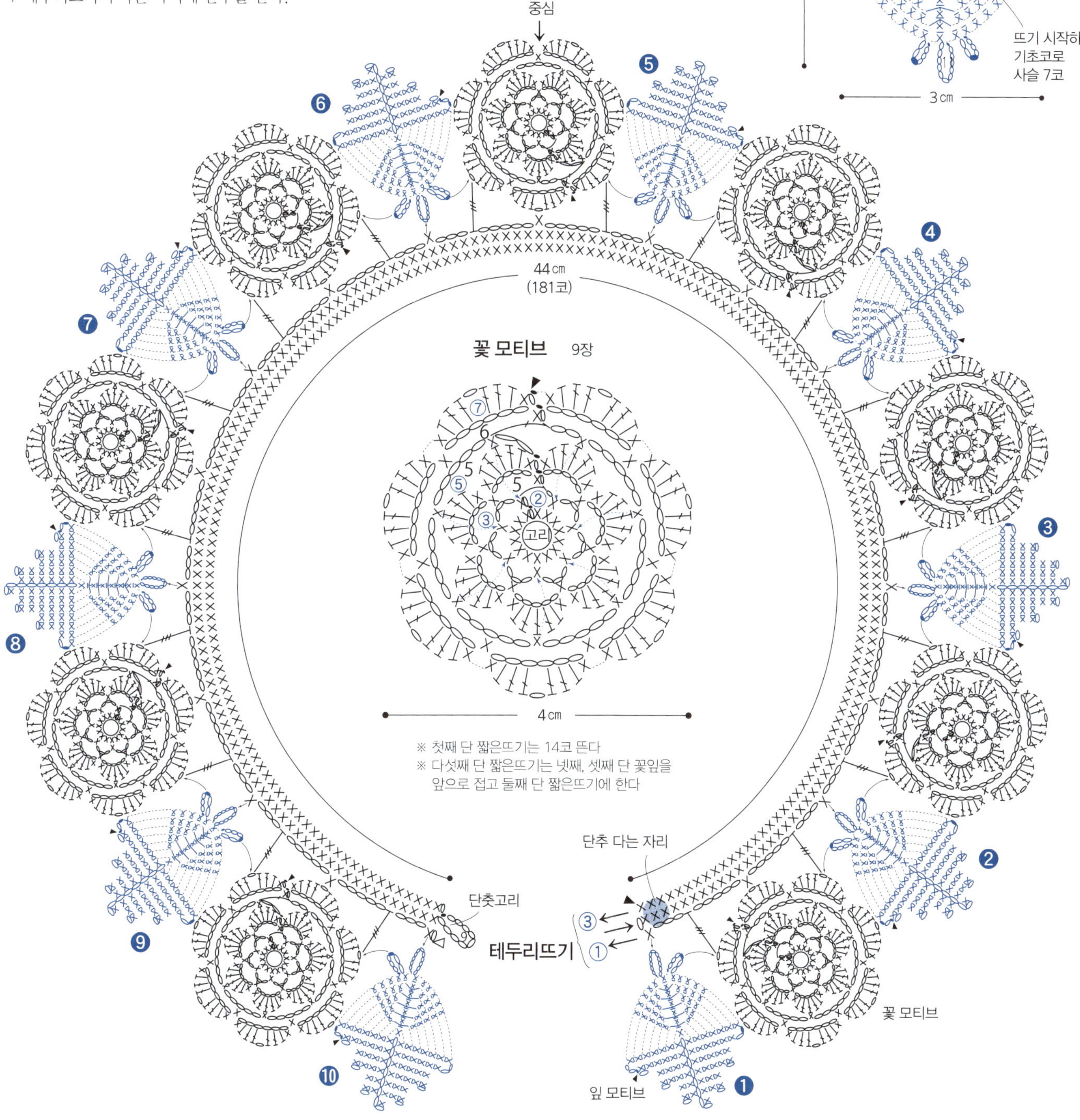

26 머플러

How to knit ⋯ p.46
Design & Knitting ⋯ 야마나카 와카코

부드러운 분홍 장미를 여기저기 단 낭만적인 머플러.
고상한 옷차림에 잘 어울립니다.
포근하고 질 좋은 모헤어로 떠서 감촉도 좋고 무척 따스하답니다.

장미 개수는 취향대로 정하세요. 많이 달면 더욱 화려하죠.
벨트 삼아 허리에 감거나 가방 가장자리에 장식해도 멋져요.

27 코르사주

How to knit … p.46
Design & Knitting … 야마나카 와카코

머플러의 모티브를 변형하여 코르사주로 만들었어요.
연푸른색 장미도 청초하고 아름다워요.

Photo ··· p.44,45

준비물

26
실 리치모어 엑셀런트 모헤어〈카운트5〉/ 어두운 초록(9) 55g,
엑셀런트 모헤어〈카운트10〉 2겹/ 분홍(5) 15g
바늘 코바늘 4/0호

27
실 리치모어 엑셀런트 모헤어〈카운트10〉 2겹/ 파랑(82) 5g, 연한 파랑(80) 3g
기타 브로치 핀/ 3.5cm 너비 1개
바늘 코바늘 4/0호

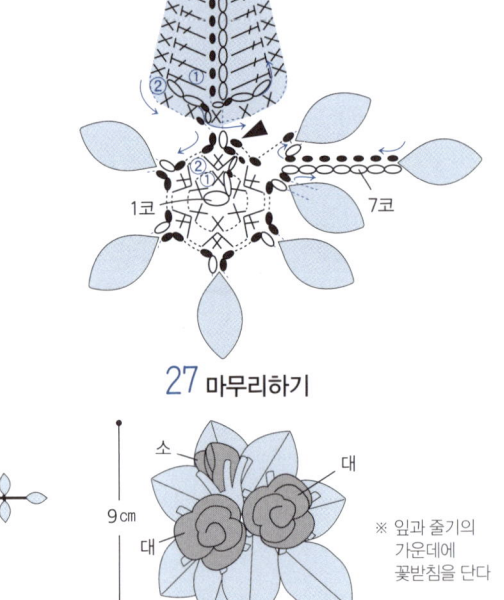

26 전체 그림

26 머플러

※ 사슬뜨기와 빼뜨기는 모두 어두운 초록으로 뜬다
※ 뜨개도안은 46, 47쪽의 ☆표시를 겹쳐서 볼 것

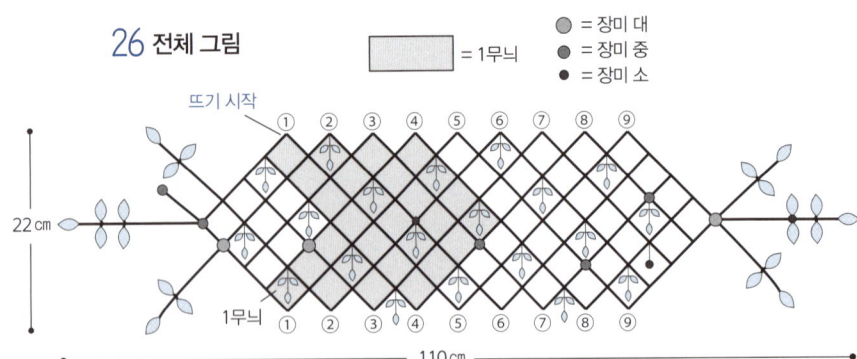

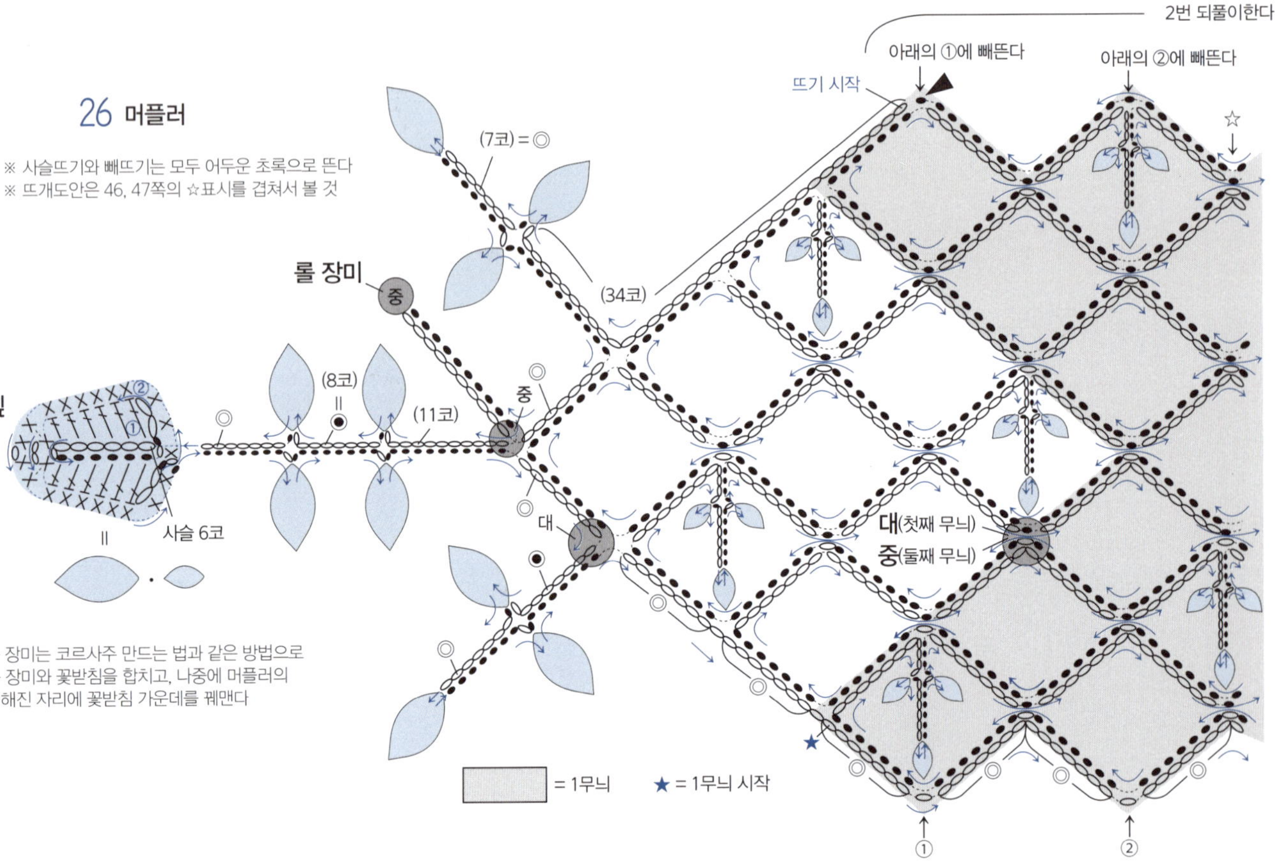

※ 롤 장미는 코르사주 만드는 법과 같은 방법으로 롤 장미와 꽃받침을 합치고, 나중에 머플러의 정해진 자리에 꽃받침 가운데를 꿰맨다

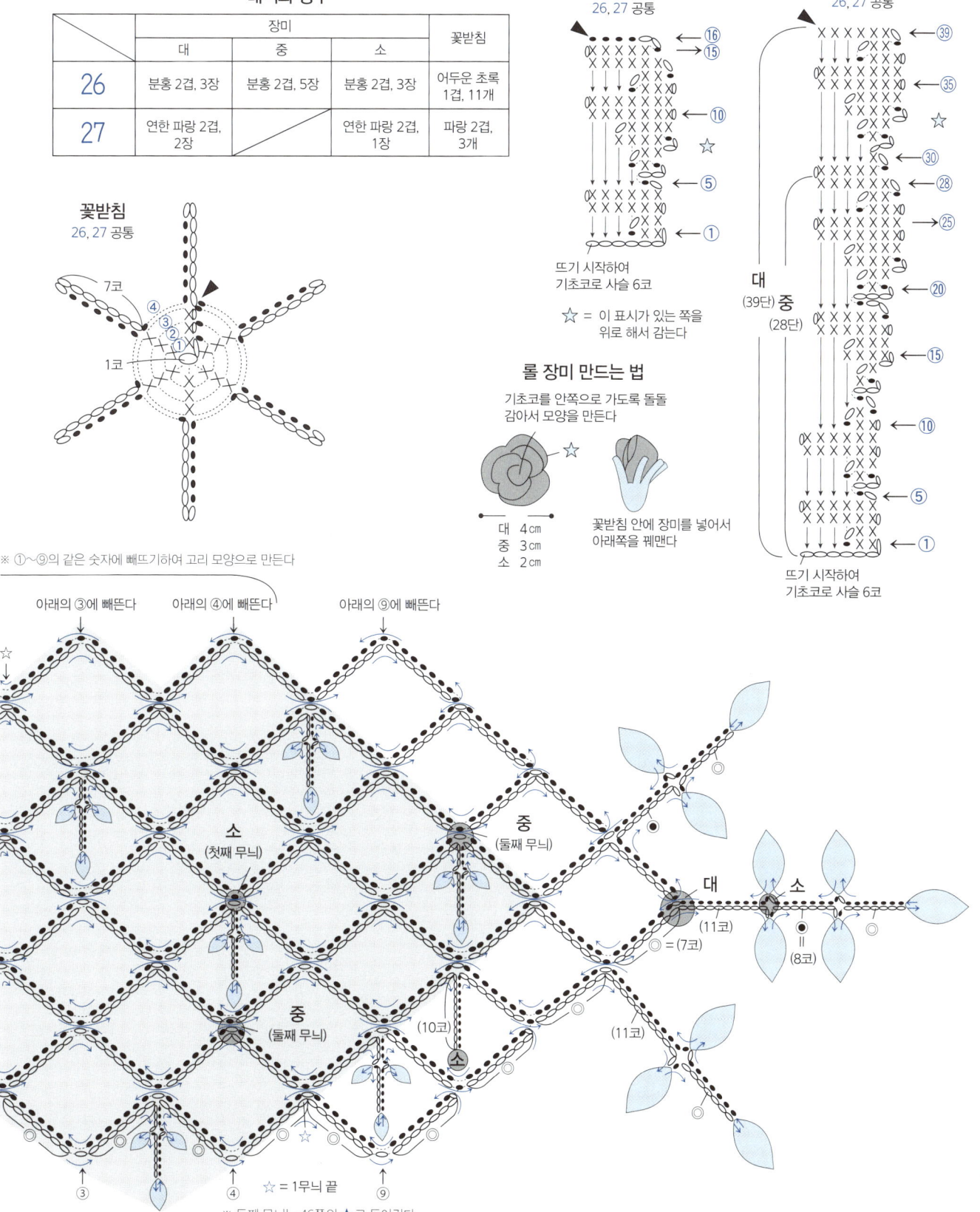

PART 2 인테리어 소품

이 장에서는 방을 장식하는 장미 인테리어 소품을 소개합니다.
장미로 둘러싸인 방에서 지내는 시간은 얼마나 우아할까요.

28 선반 레이스

How to knit ··· p.50
Design & Knitting ··· 사사오 다에

밋밋한 선반을 모눈뜨기 레이스로 꾸몄어요.
화려한 장미 무늬와 귀여운 스캘럽 무늬가 인상적이에요.
선반 레이스로 방을 더욱 멋지게 만들어 보세요.

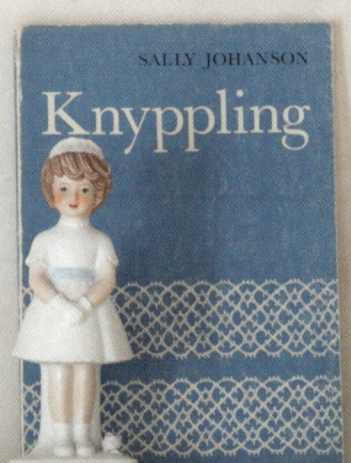

29 선반 레이스

How to knit ··· p.51
Design & Knitting ··· 사사오 다에

세련된 디자인의 장미덩굴 모양 모눈뜨기 레이스는
주방에 잘 어울립니다.
일상에 내 손으로 만든 따스함을 더해 보세요.

28
Photo ··· p.48

준비물
실 올림푸스 에미그란데/ 아이보리(804) 25g(1장분)
바늘 레이스용 코바늘 2호

게이지 가로 세로 각 10㎝에 모눈뜨기 42코(14모눈) 15단

만드는 순서
1 기초코로 사슬 298코를 잡고 첫째 단은 기초코의 사슬코 산을 주워서 16단 뜬다.
2 17~19단은 여섯 부분으로 나눠서 양 끝에서 코를 줄이며 1무늬씩 완성한다.

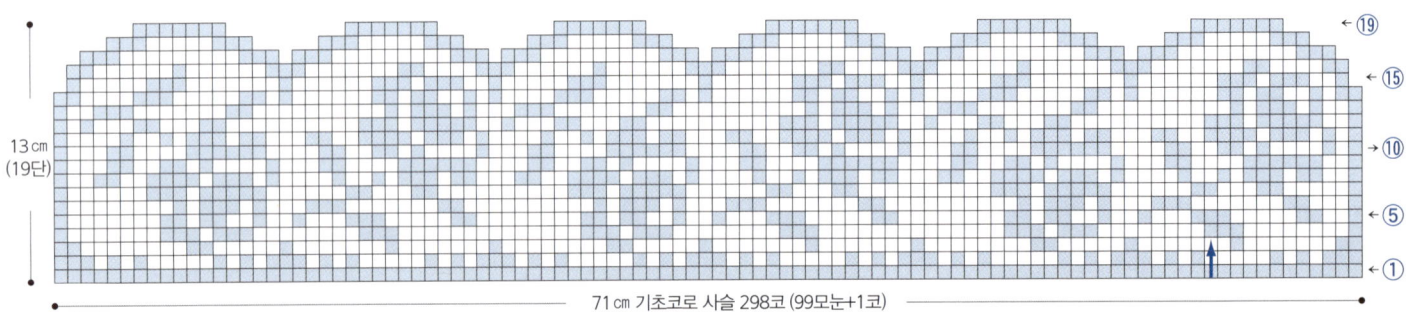

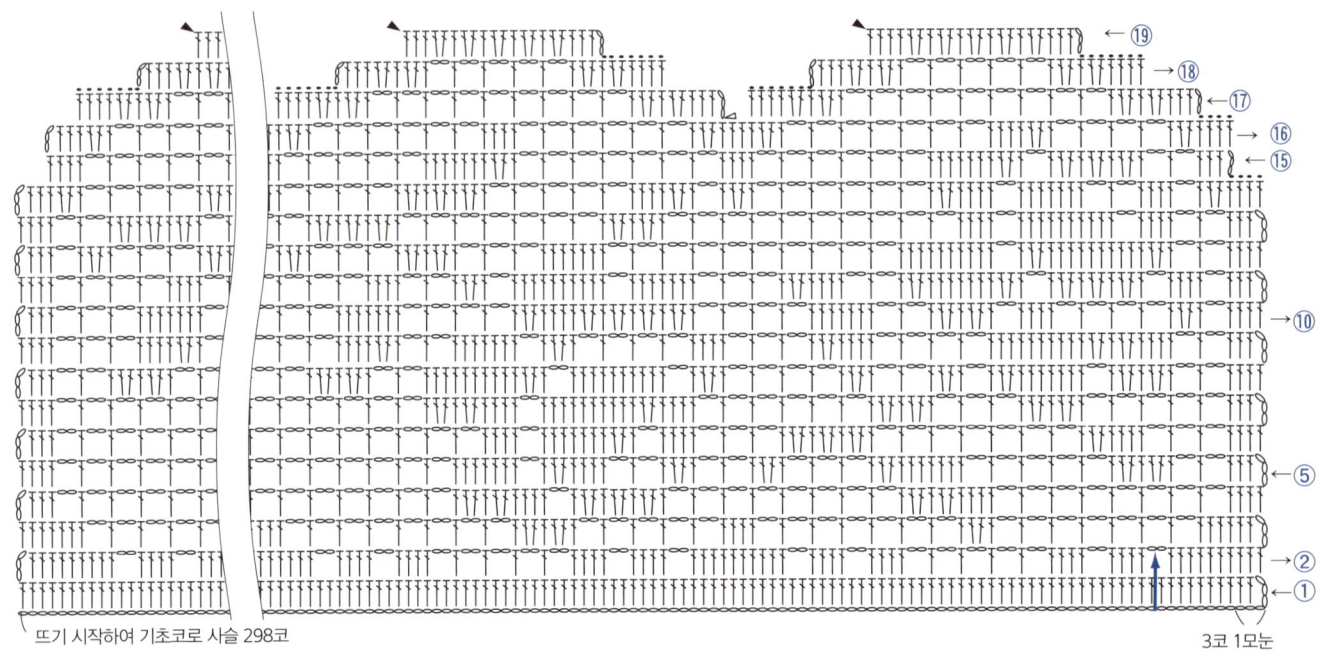

29 Photo ... p.49

준비물
실 올림푸스 에미그란데/ 오프화이트(851) 30g
바늘 레이스용 코바늘 2호

게이지 가로 세로 각 10cm에 모눈뜨기 39코(13모눈) 13.5단

만드는 순서
1 기초코로 사슬 175코를 잡고 첫째 단은 기초코의 사슬코 산을 주워서 20단 뜬다.
2 3변에 테두리뜨기를 한다.

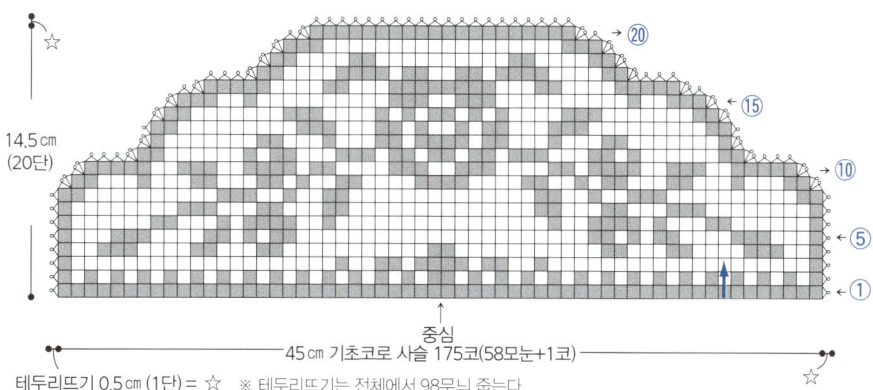

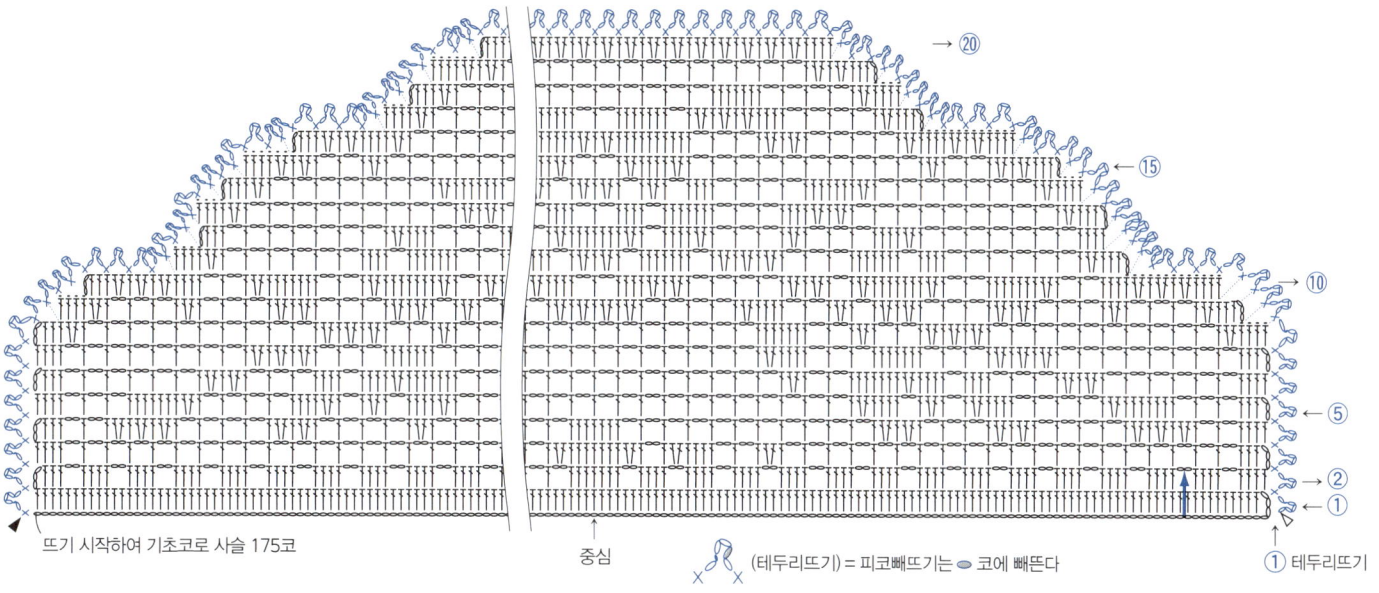

30 컵받침 · 31 테이블센터

How to knit … p.54
Design & Knitting … 마쓰모토 가오루

간식 상차림에는 이런 귀여운 세트가 어울리죠.
특별한 티타임을 선사합니다.

몸판은 한길긴뜨기를 중심으로 한 투명감 있는 뜨개바탕.
한 바퀴 돌아가며 잎을 뜨고, 장미는 나중에 달아 줍니다.

보기 드문 디자인의 컵받침.
색을 다르게 하여 몇 장이고 뜨고 싶어요.

30 31 Photo … p.52

준비물

실 DMC 바빌로 10번

30 아이보리(ECRU) 2g, 노랑(743) 1g, 초록(3346) 조금,

31 아이보리(ECRU) 42g, 노랑(743) 15g, 초록(3346) 6g

바늘 레이스용 코바늘 2호

게이지 가로 세로 각 10cm에 모눈뜨기 48코(16모눈) 13.5단

만드는 순서

30

1 몸판은 기초코로 사슬 31코를 잡아서 모눈뜨기로 12단 뜨고, 계속해서 테두리뜨기 첫째 단을 뜬다.
2 테두리뜨기 둘째 단은 초록 실을 이어서 잎을 뜬다.
3 테두리뜨기 셋째 단은 아이보리 실을 이어서 한 바퀴 돌아가며 뜨고, 잎의 끝쪽에 넷째 단을 뜬다.
4 장미는 꽃잎과 꽃술을 뜨고, 장미 만들기를 참조하여 꽃술을 감아 모양을 만들어서 꽃잎 가운데에 꿰맨다.
5 장미를 몸판의 정해진 자리에 달아서 완성한다.

31

1 몸판은 기초코로 사슬 115코를 잡아서 모눈뜨기로 38단 뜨고, 테두리뜨기 둘째 단까지 계속 뜬다.
2 테두리뜨기 셋째 단은 초록으로 잎 모양을 18무늬 뜬다.
3 테두리뜨기 넷째와 다섯째 단은 아이보리 실을 이어서 한 바퀴 돌아가며 뜬다.
4 장미는 꽃잎과 꽃술을 뜨고, 장미 만들기를 참조하여 18개 만들어 몸판의 정해진 자리에 달아서 완성한다.

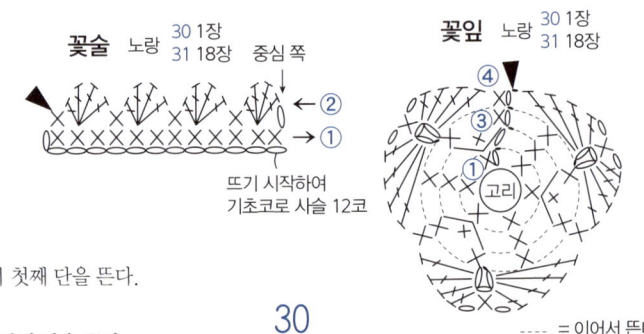

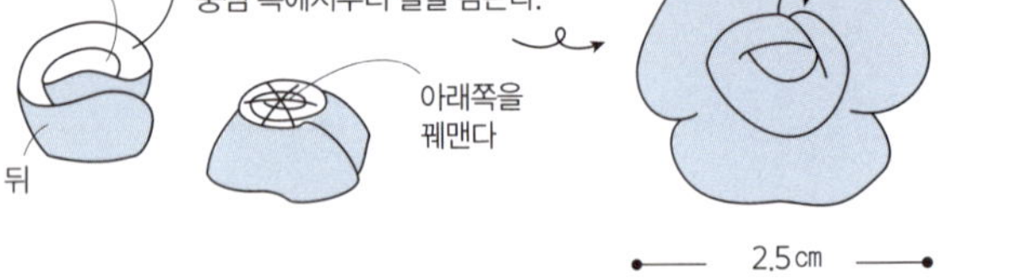

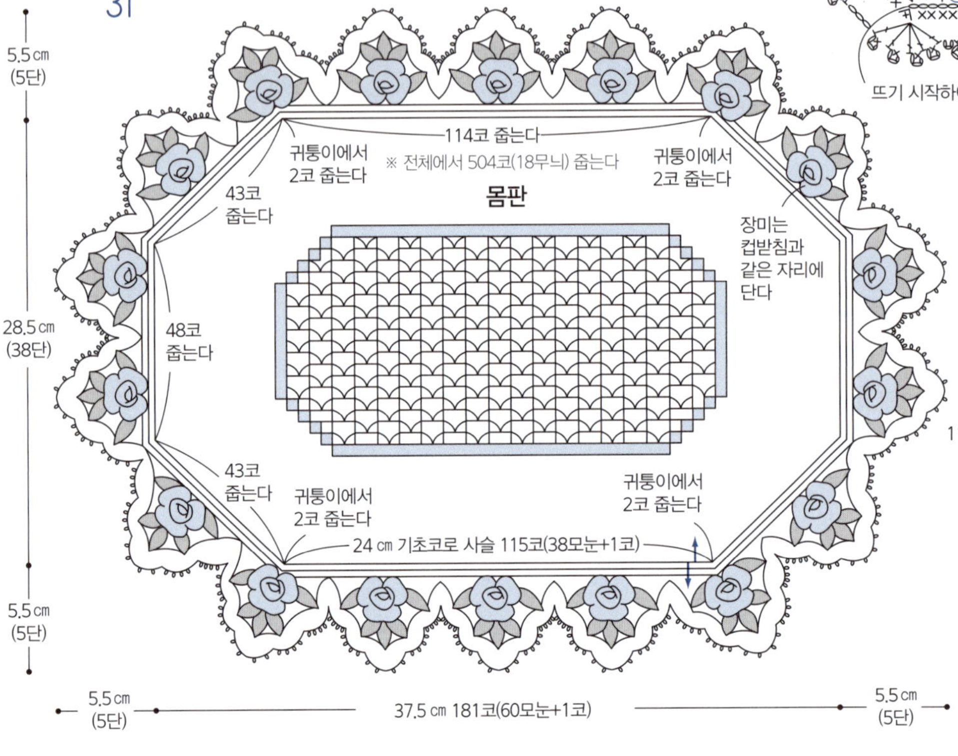

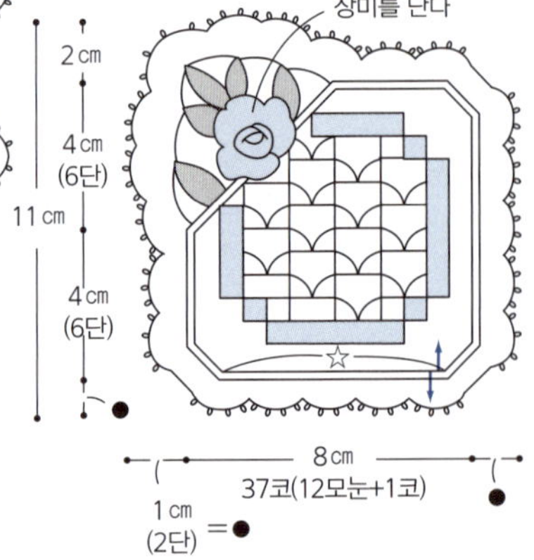

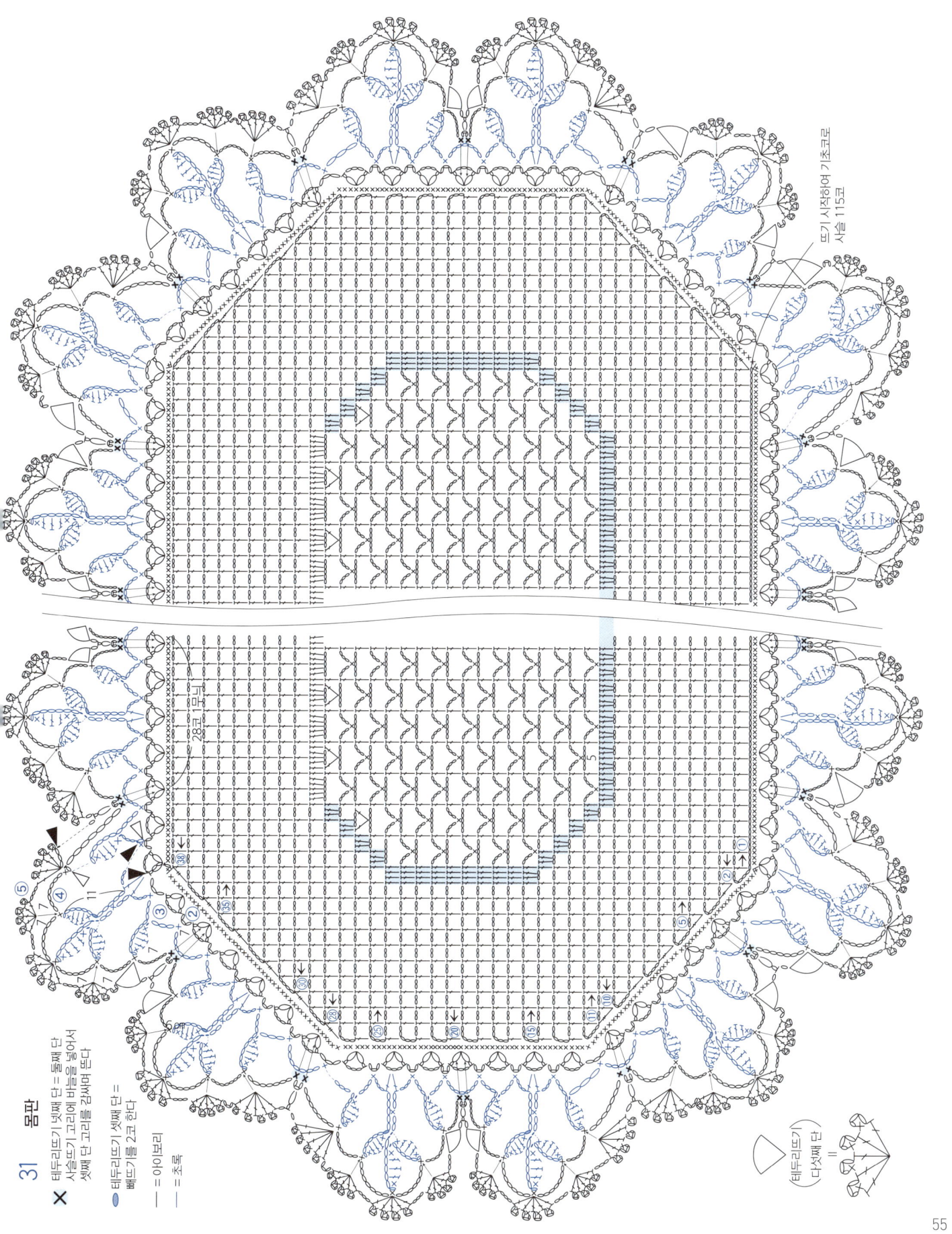

32 아이리시 리본

How to knit … p.58
Point Lesson … p.6, 7
Design & Knitting … 가와이 마유미

아이리시 크로셰 모티브를 여러 개 이용한 사랑스러운 리본.
액세서리 함에도 리본을 둘러서 꾸몄어요.
섬세하면서 존재감이 있어 한 부분에만 사용해도 방이 화려해진답니다.

33 티슈 덮개

How to knit ··· p.59
Point Lesson ··· p.90
Design & Knitting ··· 가와이 마유미

산뜻하고 연한 파란색 뜨개바탕에 하얀 장미를 달아서 모양을 냈어요.

32

Photo ··· p.56   Point Lesson ··· p.6, 7

준비물
실 올림푸스 에미그란데/ 아이보리(804) 16g
기타 40cm 실
바늘 레이스용 코바늘 2호, 대바늘 10호(꽃의 기초코를 잡을 때만 사용)

만드는 순서
1 꽃은 대바늘 10호에 뜨개실을 8번 감아 원형코를 만들어서 7단 뜬다(6쪽 참조). 같은 방법으로 꽃을 총 5장 뜬다.
2 잎은 첫째 단 뜨기 끝에서 패딩 끈을 잇고 둘째 단에서 패딩 끈을 감싸며 뜬다(7쪽 참조).
3 꽃과 잎이 닿는 부분을 가름실로 꿰매고, 꽃과 잎 사이의 공간을 사슬뜨기와 두길긴뜨기 2코 모아뜨기로 뜨면서 이어 마무리한다(7쪽 참조).
4 테두리뜨기는 기초코로 사슬 90코를 잡고 첫째 단은 사슬뜨기 고리에서 꽃과 잎에 뜨면서 잇는다. 둘째 단은 기초코에 사슬 3코 피코를 1코 걸러 뜨면서 짧은뜨기를 한다.

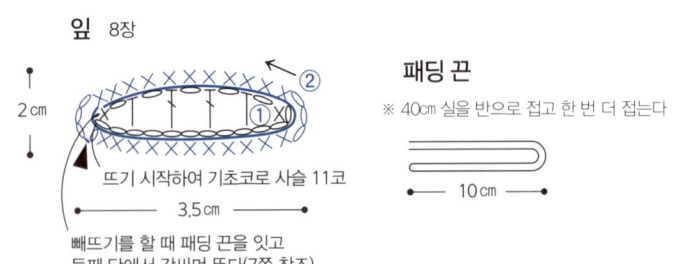

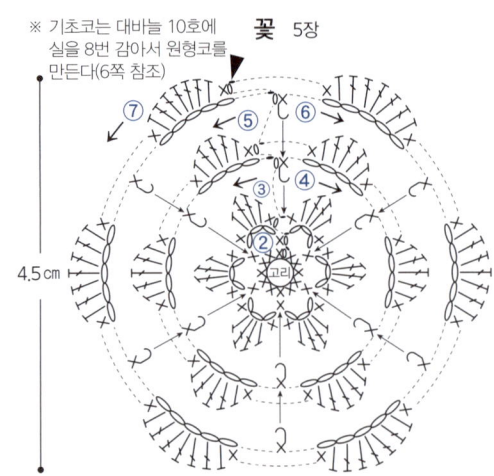

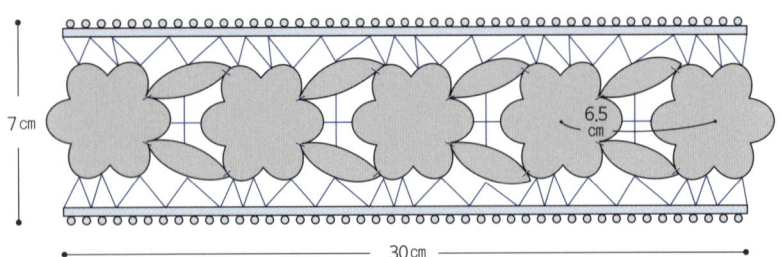

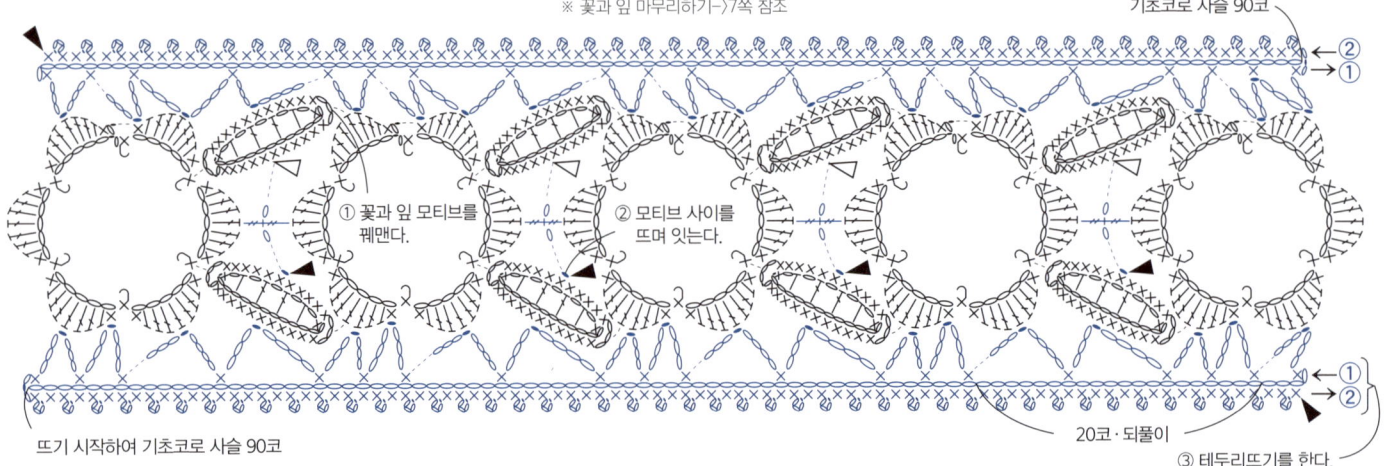

33 Photo … p.57 Point Lesson … p.90

준비물

실 올림푸스 코튼 쿠오레/ 연한 파랑(6) 95g,
에미그란데〈허브스〉/ 흰색(800) 10g, 녹갈색(273) 5g
바늘 레이스용 코바늘 2호, 코바늘 3/0호

만드는 순서

1 몸판은 연한 파랑으로 코를 늘리거나 줄이지 않고 무늬뜨기로 45단 뜨고 흰색으로 테두리뜨기를 1단 한다. 기초코 쪽에 짧은뜨기를 5단 하고, 양 끝에 단춧고리를 떠 준다.
2 끈, 꽃, 2장 잎, 단추를 뜨고 꽃에 잎을 단다.
3 몸판의 정해진 자리에 끈을 끼우고 꽃과 잎을 달아 준다(90쪽 참조).
4 마무리하기를 참조하여 테두리뜨기 쪽을 짧은뜨기 부분에 겹쳐서 4무늬를 꿰맨다. 단추를 제자리에 달아서 완성한다.

단추
연한 파랑 2개
3/0호

단추 만들기

※ 구름솜을 채우고
마지막 단의 코에
실 끝을 꿰어서 조인다

마무리하기

① 끈을 끼우고 나서 꽃과 잎을 단다(7쪽 참조).
테두리뜨기 쪽을 짧은뜨기 부분이 가려지도록 겹쳐서 꿰맨다

꽃
흰색
18장
2호

잎 녹갈색 18장 2호

뜨기 시작하여
기초코로 사슬 5코

꽃과 잎 만들기

끈 흰색 6줄 2호

※ 꽃은 반으로 접고 또 한 번 접어서 밑동을 꿰매어 만든다

뜨기 시작하여
기초코로 사슬 105코

———— = 연한 파랑
———— = 흰색
———— = 끈 끼우는 자리 (2, 6, 10, 36, 40, 44단)

= 한길긴뜨기 2코 구슬뜨기의 앞걸어뜨기
(왕복뜨기에서 뜨개바탕 뒷면을 보고 뜰 때는 뒤걸어뜨기를 한다)

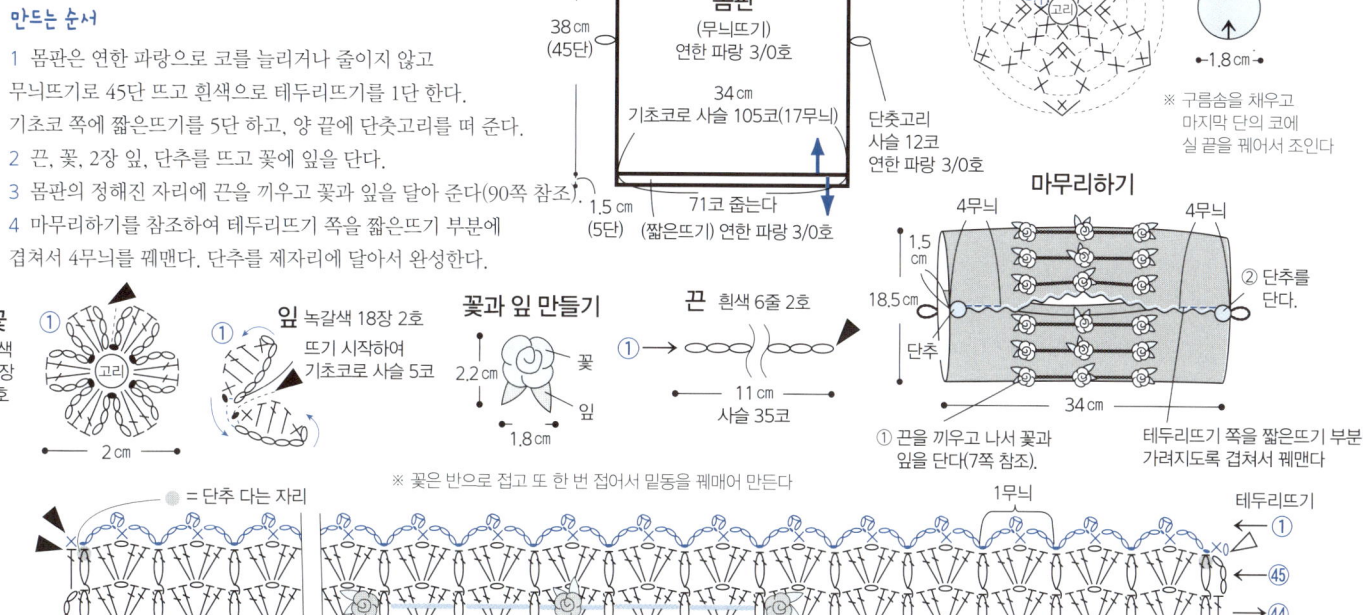

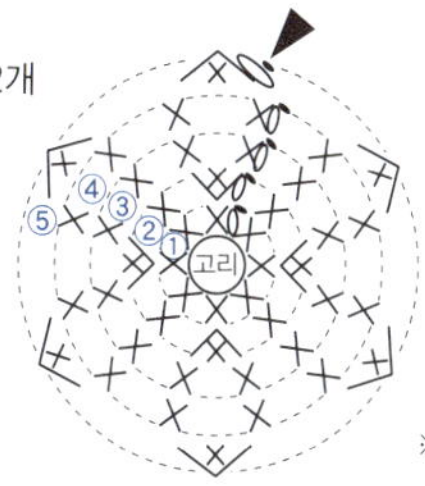

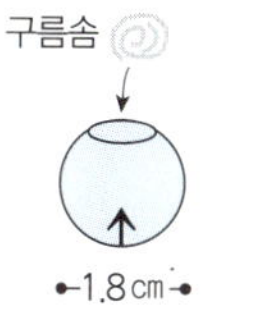

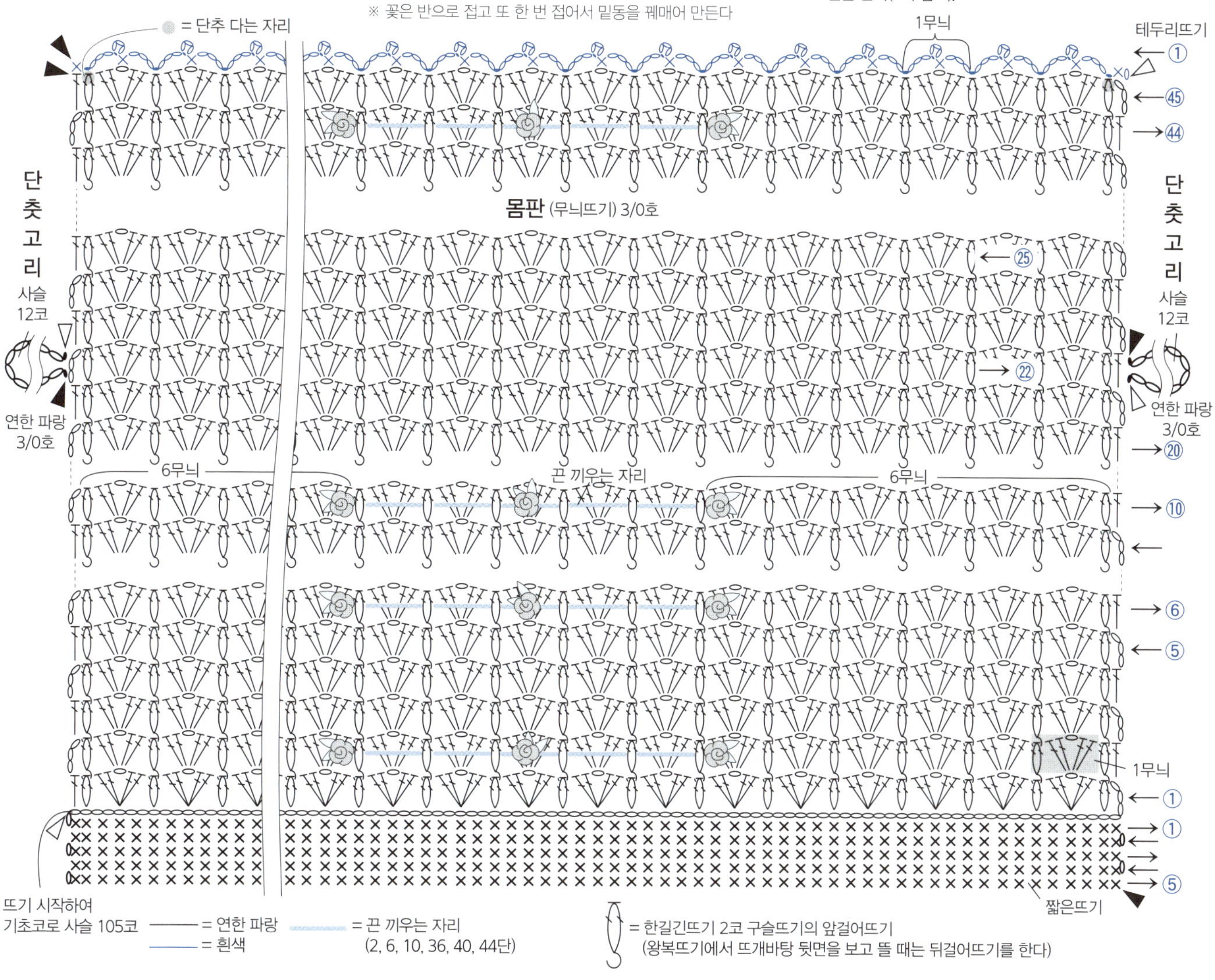

34,35 선반 레이스

How to knit … p.62
Design & Knitting … 마쓰모토 가오루

빈티지 레이스 같은 색상의 덩굴장미 선반 레이스. 몸판은 똑같고 롤 장미 다는 자리만 다르게 했어요.
수납 선반이나 책장의 길이대로 떠서, 수납 인테리어를 즐겨 보세요.

Arrange...
위아래 단에 달아서 화려하게 연출.

35

34　　　35

롤 장미를 무작위로 배치한 디자인.　　롤 장미를 규칙적으로 늘어놓은 디자인.

34 35 Photo ··· p.60,61

준비물(34, 35 공통)
실 DMC 세베리아 10번/ 베이지(712) 23g
바늘 레이스용 코바늘 2호

게이지 가로 세로 각 10cm에 모눈뜨기 47코 18단

만드는 순서
1 몸판은 기초코로 사슬 211코를 잡아서 10단 뜬다. 계속해서 스캘럽 모양으로 뜨는데, 첫째 단은 왼쪽 끝까지 뜨고 둘째 단부터는 5무늬로 나눠서 1무늬씩 완성한다.
2 몸판 둘레에 테두리뜨기를 한다.
3 롤 장미를 5장씩 뜨고, 중심 쪽에서부터 안쪽으로 돌돌 감아서 모양을 만들어 기초코 쪽을 꿰맨다.
4 롤 장미를 몸판의 정해진 자리에 단다.

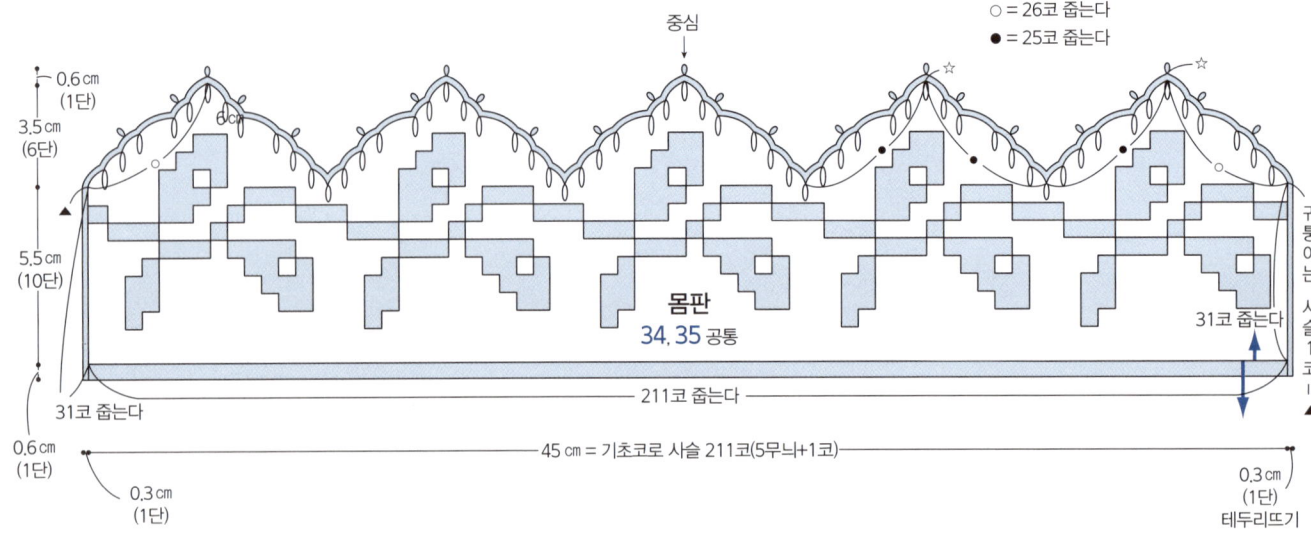

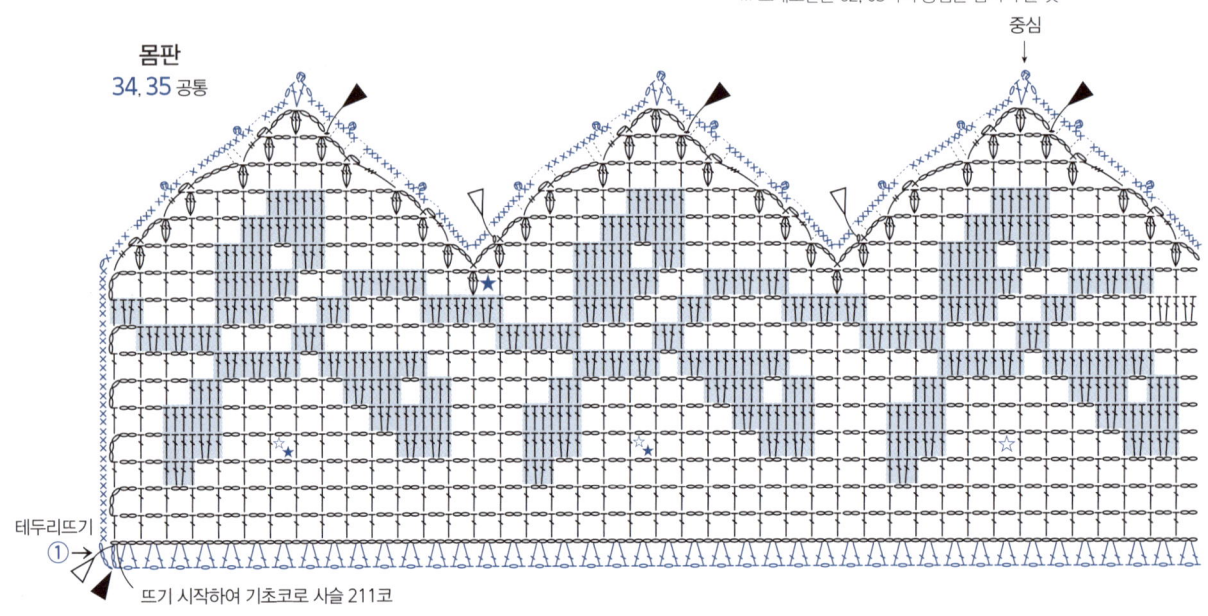

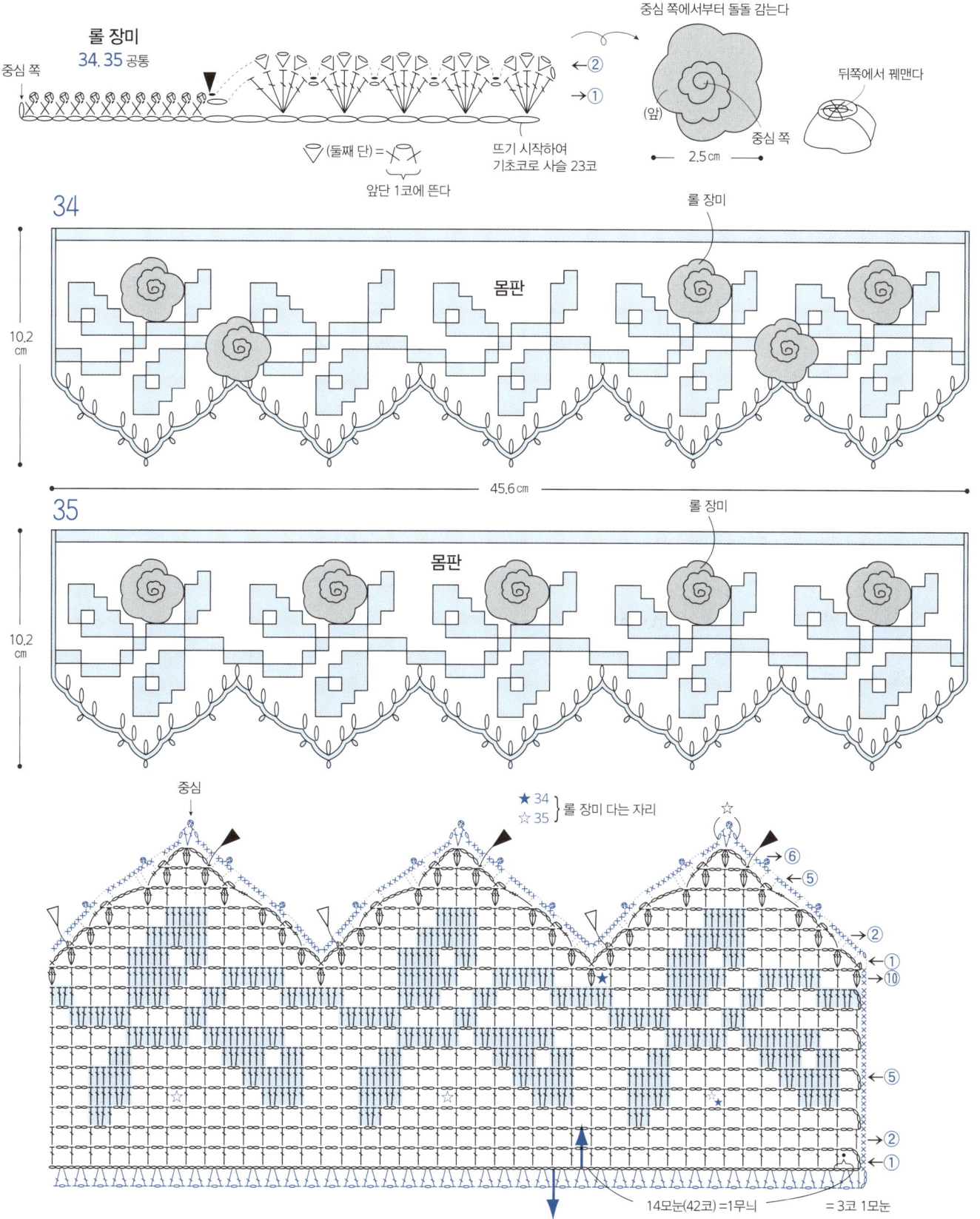

36 컵받침 · 37 식탁보

How to knit … p.66
Design & Knitting … 엔도 히로미

하얀 리넨 둘레에 피어난 하얀 장미꽃.
늘어지는 디자인이 사랑스러운 식탁보예요.
컵받침과 세트로 하여 특별한
시간을 즐겨 보세요.

컵받침은 잎 색깔과 다는 방법을 바꾼 디자인이에요.

잎과 장미 모티브를 이은 뒤에
에징을 뜨면서 이어 주세요.

36 37 Photo … p.64

준비물

36
- 실 DMC 세베리아 10번/ 흰색(BLANC) 12g, 베이지(712) 3g
- 기타 10cm 정사각형 모래색 컵받침
- 바늘 레이스용 코바늘 2호

37
- 실 DMC 세베리아 10번/ 흰색(BLANC) 162g
- 기타 흰색 마 110×120cm
- 바늘 레이스용 코바늘 2호

게이지 37 에징 10cm=11.5단

만드는 순서

36
1 흰색으로 꽃을 8장 뜬다. 잎은 베이지로 뜨는데, 끝을 꽃잎 끝에 빼뜨기로 이으면서 8장을 한 바퀴 돌아가며 뜬다.
2 시중에서 파는 컵받침 둘레에 1을 붙인다.

37
1 꽃을 60장 뜬다. 잎은 정해진 자리에서 좌우의 꽃에 빼뜨기로 이으면서, 꽃 사이에 60장을 한 바퀴 돌아가며 떠서 잇는다. 모티브에 이으면서 사각형으로 뜬다.
2 에징은 기초코로 사슬 1코를 잡아서 정해진 자리에서 꽃과 잎에 빼뜨기하며 108단 뜬다.
3 바탕천은 완성 치수에 시접을 4cm씩 두어 재단하고, 가장자리를 2cm 너비로 2번 접어서 끝을 재봉틀로 박는다.
4 바탕천 둘레에 2를 얹고 먼저 귀퉁이를 시침핀으로 고정한다. 그 다음에는 귀퉁이와 귀퉁이 사이의 반, 또 그 반이 되는 자리를 시침핀으로 촘촘하게 고정하고 바탕천 둘레에 꿰맨다.

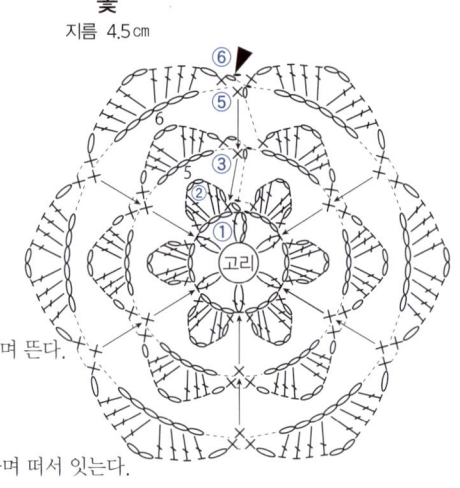

꽃
지름 4.5cm

※ 셋째 단 짧은뜨기는 첫째 단 한길긴뜨기 2코 구슬뜨기에 뜬다
※ 다섯째 단 짧은뜨기는 셋째 단 짧은뜨기에 뜬다

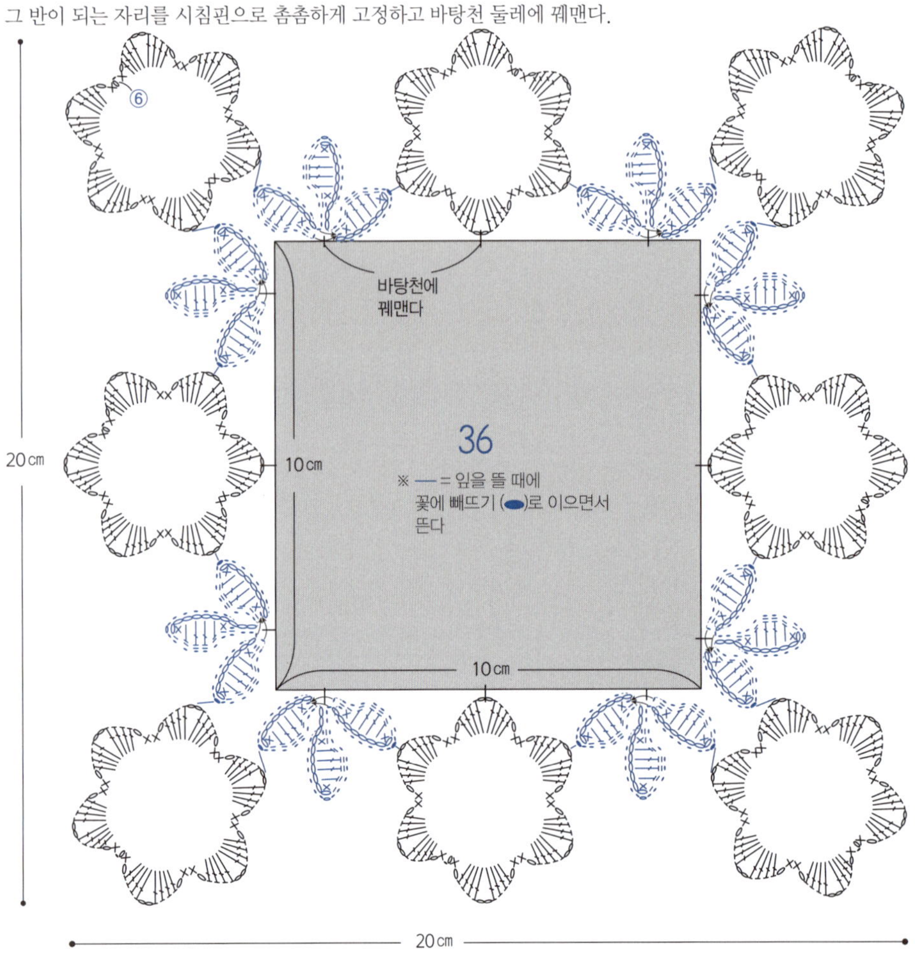

꽃·잎의 장수와 배색표

	잎	꽃
36	베이지 8장	흰색 8장
37	흰색 60장	흰색 60장

◯ = 이 코에 빼뜨기를 2코 한다

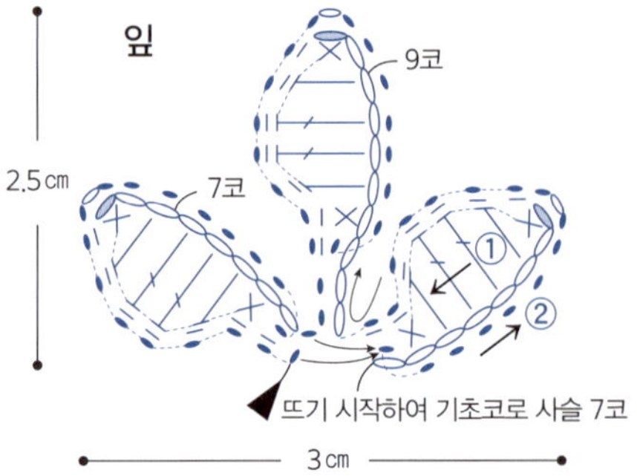

잎

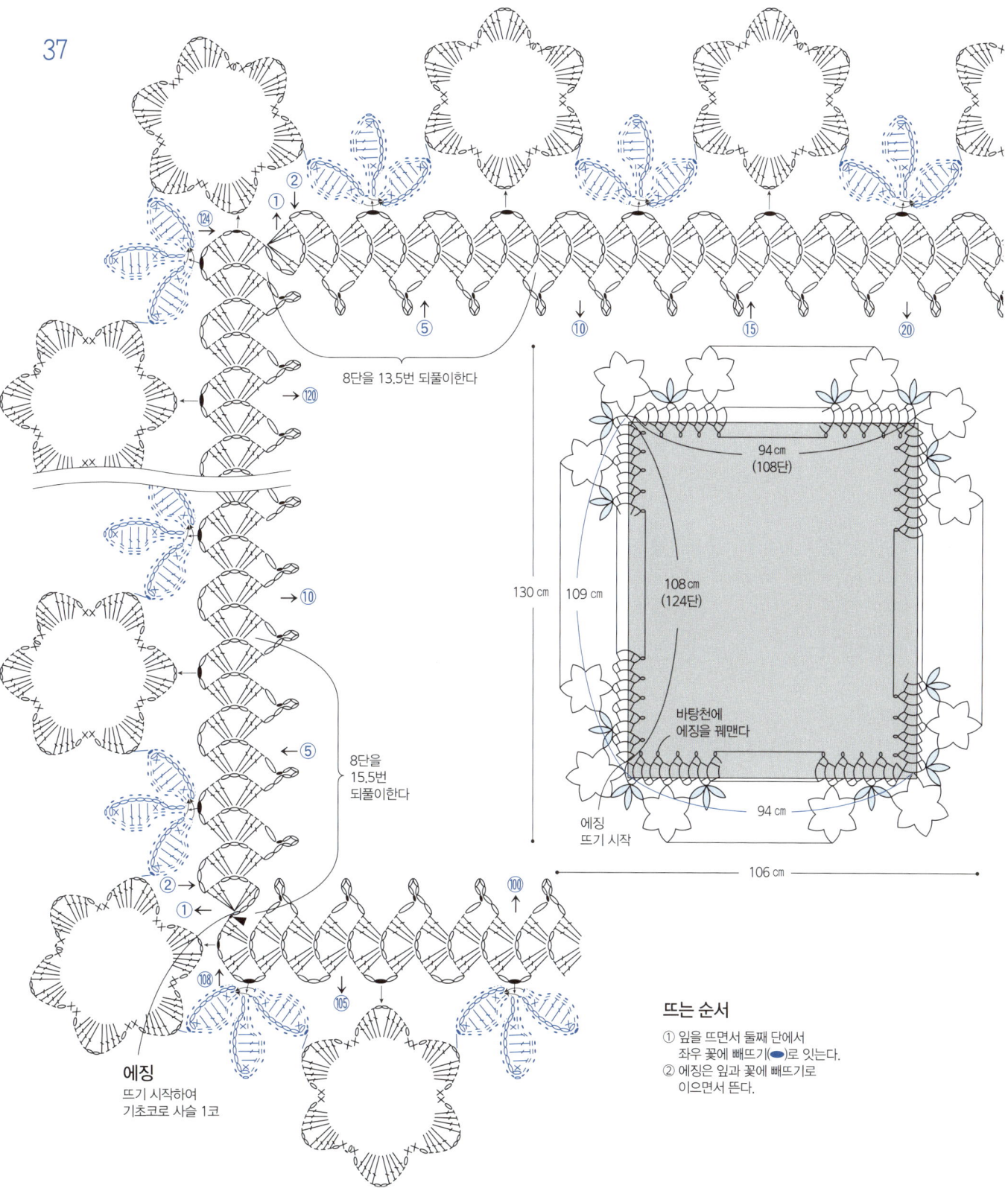

38 다용도 덮개

How to knit … p.70
Design & Knitting … 가마타 에미코

가운데에는 입체 장미를,
테두리에는 작은 롤 장미를 여러 개 달아서
방의 화려한 액센트로 삼아 보세요.

39 소품함

How to knit … p.71
Point Lesson … p.91
Design & Knitting … 가마타 에미코

롤 장미와 하트로 장식한 소품함은
조그만 액세서리를 담는 데 안성맞춤이지요.

테두리에 단 장미와 잎의 색 조화로 한층 더 귀여움이 느껴져요.

가운데에는 아이리시 레이스 장미를 장식했어요.

38

Photo ··· p.68

준비물
실 올림푸스 에미그란데/ 아이보리(804) 32g, 에미그란데〈허브스〉/ 분홍(141)·모카베이지(752) 6g씩, 연한 초록(252) 5g
바늘 레이스용 코바늘 0호

만드는 순서
1 몸판은 기초코로 사슬 94코를 잡아서 코를 늘이거나 줄이지 않고 모눈뜨기로 37단 뜨고 테두리뜨기 첫째 단을 뜬다. 테두리뜨기 둘째 단은 실을 바꿔서 뜬다.
2 롤 장미 대, 소를 정해진 색과 장수대로 떠서 만들고, 꽃도 1장 뜬다(90쪽 참조).
3 2에서 만든 롤 장미를 테두리뜨기에 달고, 몸판 가운데에는 꽃을 달아서 완성한다(90쪽 참조).

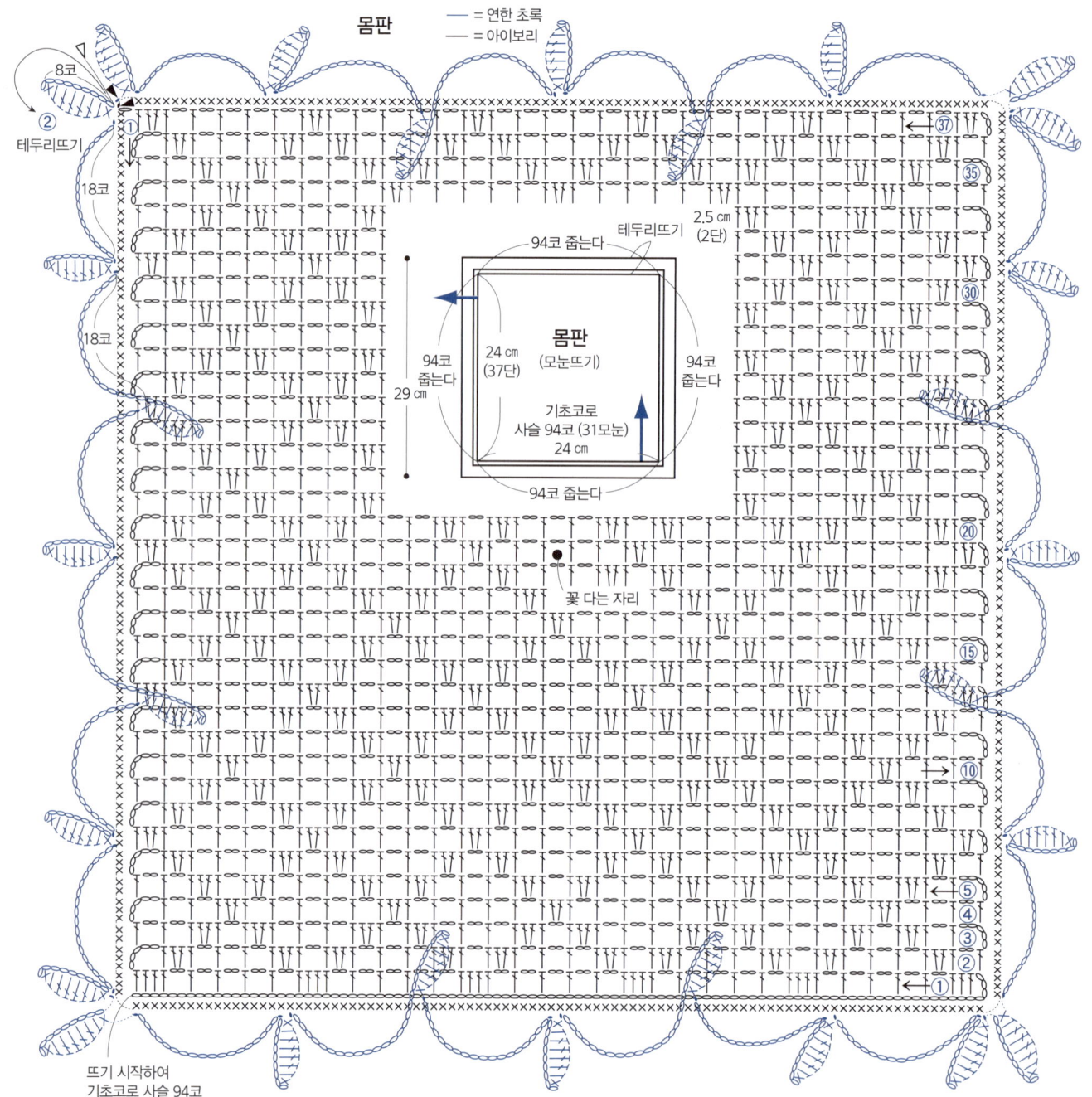

※ 이어지는 내용은 90쪽 참조

39

Photo … p.69 Point Lesson … p.91

준비물
실 올림푸스 리넨 네이처/ 흰색(1) 11g, 분홍(6) 5g, 청록(10) 2g
바늘 코바늘 3/0호

만드는 순서

1 몸판 바닥은 기초코로 사슬 28코를 잡아서 짧은뜨기로 20단 왕복뜨기한다.
계속해서 옆면을 바닥 4변의 코에서 주워서 5단 뜨고, 빼뜨기를 반대 방향으로 1단 하여 정리한다.
2 하트는 실로 원형코를 만들어서 원형뜨기를 4단 한다.
다섯째, 여섯째 단은 둘로 나눠서 뜬다(91쪽 참조). 마지막 단에 실 끝을 꿰어서 조여 마무리한다.
3 롤 장미는 기초코로 사슬 11코를 잡아서 뜨고, 중심 쪽에서부터 돌돌 감아서 모양을 만들고
기초코 쪽을 꿰매어 마무리한다.
4 줄기와 잎을 뜬다.
5 몸판 옆면의 모서리 4군데에 줄기와 잎의 ▲를 맞춰서 대고,
▲ 부분에 하트를 겹쳐서 몸판에 꿰맨다.
★의 잎 위에 롤 장미를 겹치고 몸판에 꿰매서 완성한다.

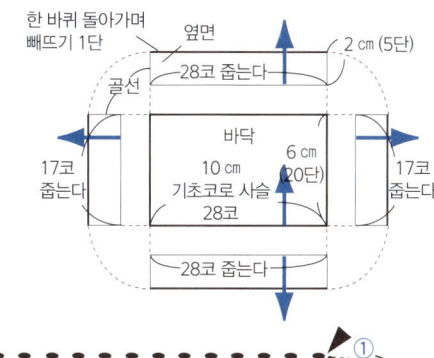

몸판 (짧은뜨기)   흰색

롤 장미   분홍 6개

뜨기 시작하여 기초코로 사슬 11코 ← 중심 쪽

롤 장미 만들기

※ 중심 쪽에서부터 앞면이 안으로 들어가도록 돌돌 감아서 기초코 쪽을 꿰맨다.

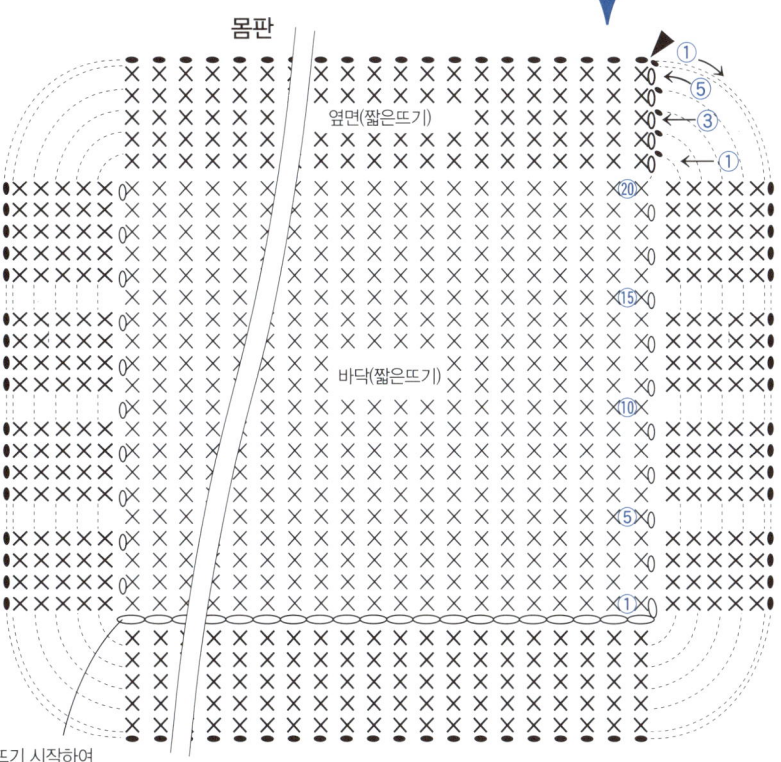

몸판

줄기와 잎   청록

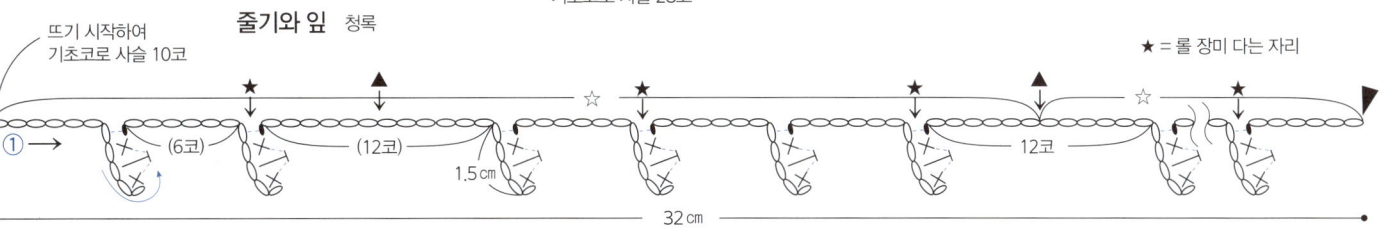

★ = 롤 장미 다는 자리

하트   분홍 4개

하트 만들기

마무리하기

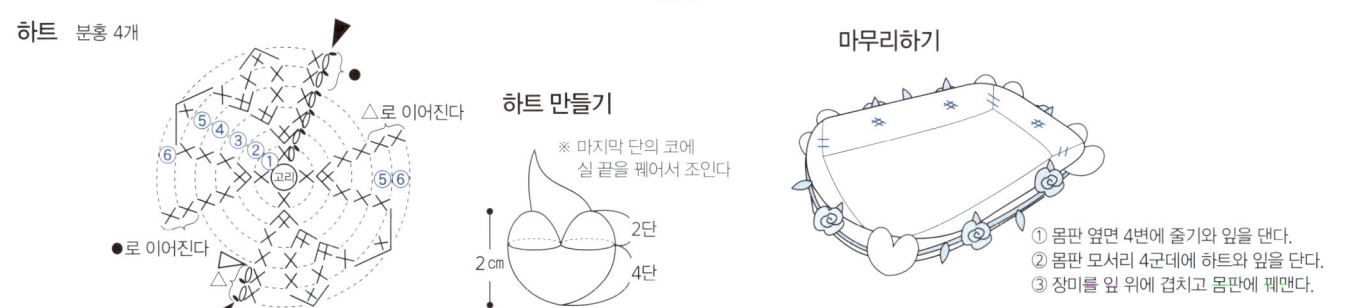

① 몸판 옆면 4변에 줄기와 잎을 댄다.
② 몸판 모서리 4군데에 하트와 잎을 단다.
③ 장미를 잎 위에 겹치고 몸판에 꿰맨다.

40, 41 컵받침

How to knit … p.74
Design & Knitting … 엔도 히로미

장미 무늬를 넣어서 뜬 컵받침은
테두리와 귀퉁이에 장식한 장미 개수로
변화를 주었어요. 색을 바꿔 가며
여러 장 떠 보세요.

40

41

42 1인용 식탁매트

How to knit … p.75
Design & Knitting … 엔도 히로미

모눈뜨기로 표현한 다양한 장미의 모양과 테두리뜨기에서
한 가지 색상만으로도 화려함이 느껴집니다.
평소의 티타임이 더욱 즐거워져요.

Photo … p.72

준비물

실 40 올림푸스 에미그란데〈허브스〉/ 분홍(141) 6g, 에미그란데/ 오프화이트(851) 1g, 연한 분홍(111)·녹연두(243) 조금씩

41 올림푸스 에미그란데/ 오프화이트(851) 5g, 분홍(102) 1g, 녹연두(243) 조금, 에미그란데〈허브스〉/ 꽃분홍(119) 조금

바늘 레이스용 코바늘 0호

만드는 순서

1 몸판은 기초코로 사슬 31코를 잡아서 모눈뜨기로 17단 뜬다(40, 41 공통).
2 테두리뜨기를 40은 2단 하고 41은 첫째 단만 뜬다.
3 40은 롤 장미와 잎을 1장씩, 41은 롤 장미 3장, 잎 2장을 뜬다.
4 마무리하기 그림을 참조하여 장미 모양을 만들고, 정해진 자리에 달아서 완성한다.

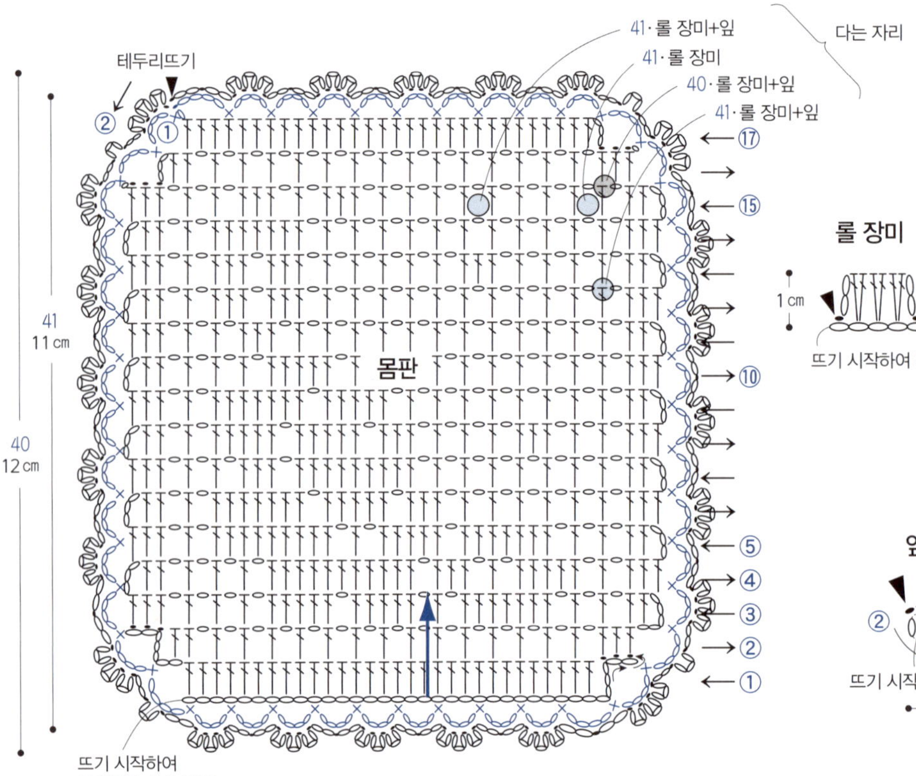

	몸판	테두리뜨기	
		첫째 단	둘째 단
40	분홍	분홍	오프화이트
41	오프화이트	꽃분홍	

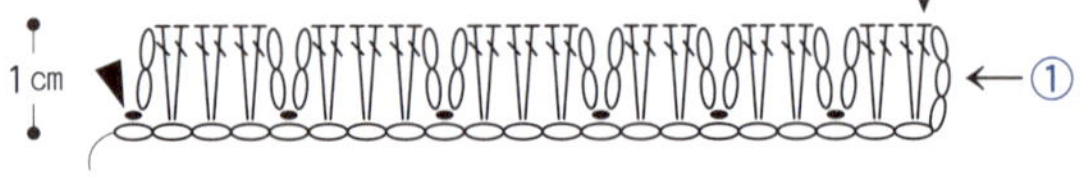

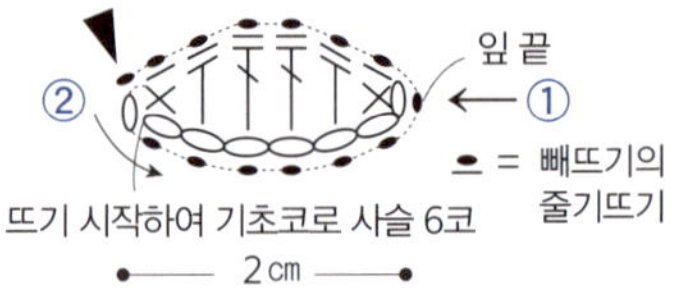

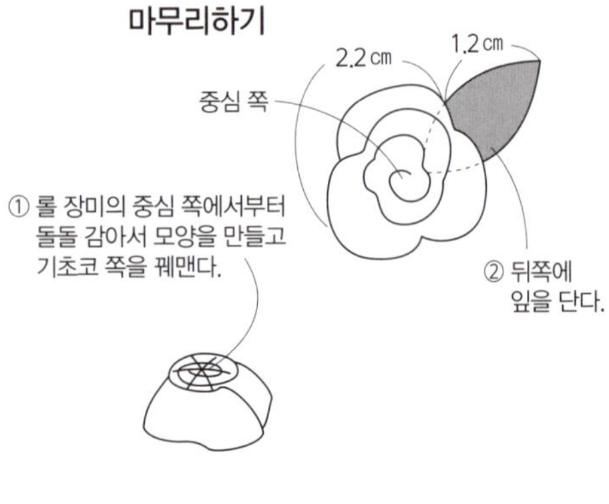

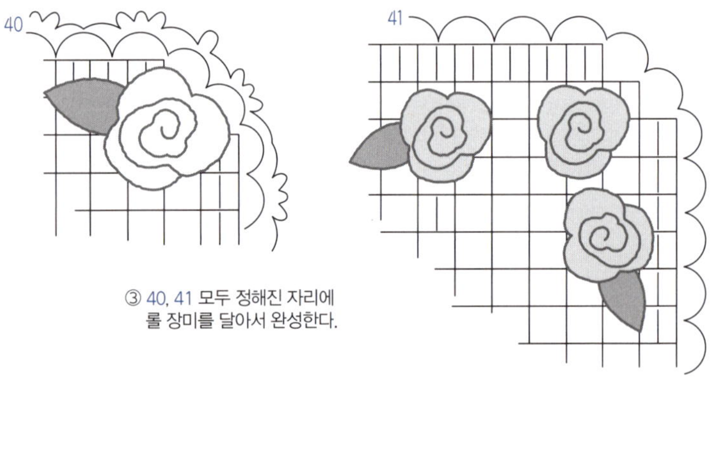

Photo ··· p.73

준비물
실 올림푸스 에미그란데/ 연한 분홍(111) 33g
바늘 레이스용 코바늘 0호

만드는 순서
1 몸판은 기초코로 사슬 55코를 잡아서 모눈뜨기로 35단 뜬다.
2 이어서 테두리뜨기를 2단 하여 완성한다.

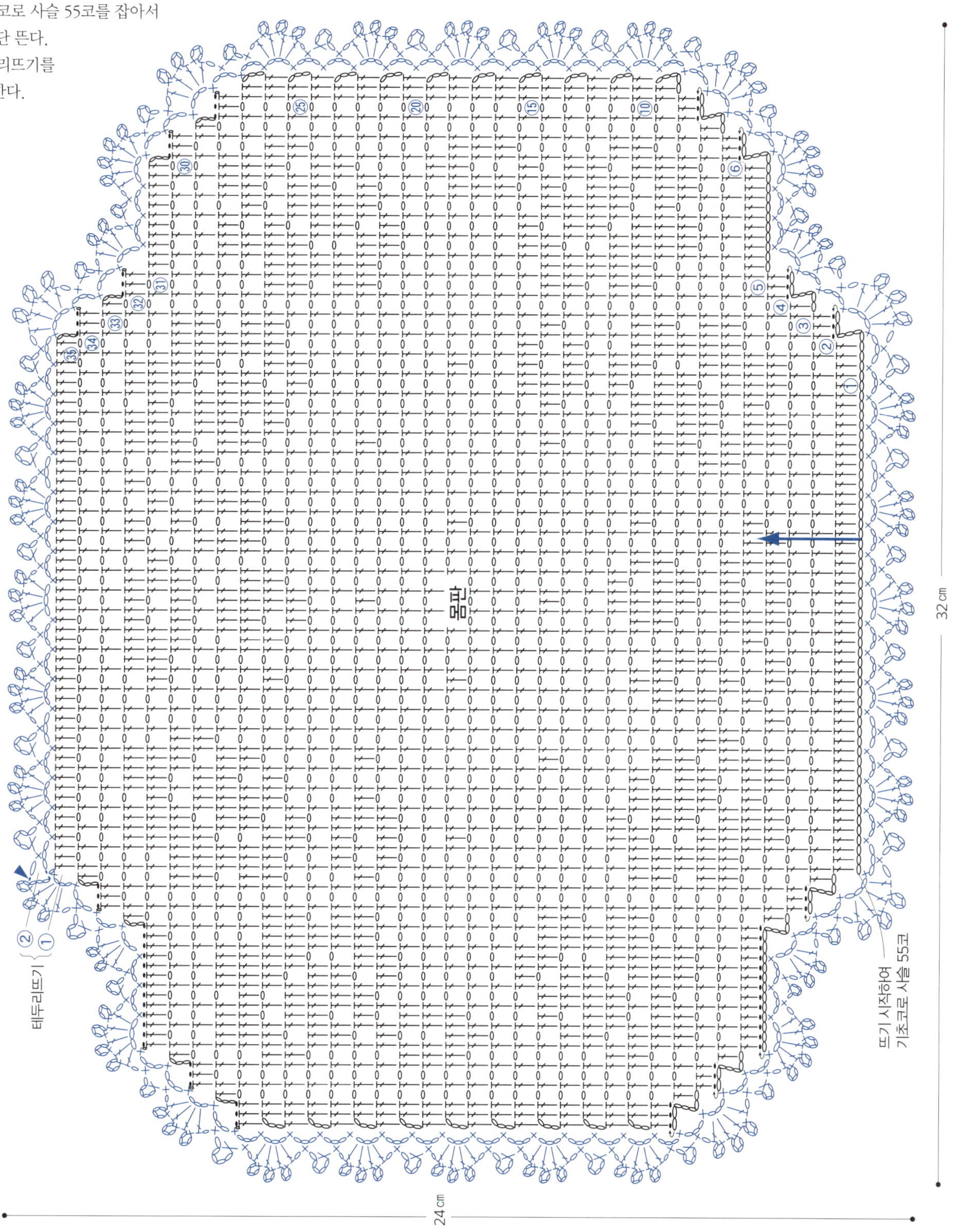

43 테이블센터

How to knit … p.78   Point Lesson … p.91
Design & Knitting … 가마타 에미코

모눈뜨기로 만든 커다란 하트 2개를 잇는 장미와 잎이 우아해요.
식탁 장식의 메인으로 삼고 싶은 신선한 디자인이에요.

하트 안에 하트 무늬가
또 하나 들어 있어요.

하트끼리 이어 주는 모티브는
먼저 떠 놓은 뒤에 이으므로,
균형을 살피면서 모티브의 크기를
조절하세요.

Photo ··· p.76 **Point Lesson** ··· p.91

준비물
실 올림푸스 에미그란데/ 아이보리(804) 65g
바늘 레이스용 코바늘 0호

만드는 순서
1 하트는 기초코로 사슬 4코를 잡아서 모눈뜨기로 36단 뜬다. 스물아홉째 단의 정해진 자리에 실을 이어서 37~43단까지 뜨고, 한 바퀴 돌아가며 테두리뜨기를 1단 한다. 똑같은 모양을 1장 더 뜬다.
2 장미는 기초코로 사슬 4코를 잡아서 7단 뜬다. 모티브A는 기초코로 사슬 10코를 잡고 코 아래에서 주워서 짧은뜨기를 1단 하고, 둘째 단은 빼뜨기를 한 바퀴 해 준다. 모티브B는 A를 빼뜨기로 2장 잇는다.
줄기와 잎은 장미에 실을 이어서 ①~③ 순으로 뜬다.
3 하트, 장미, 모티브A·B, 잎, 줄기를 그림(79쪽 참조)처럼 배치하고, 가름실로 꿰매어 잇는다(91쪽 참조).

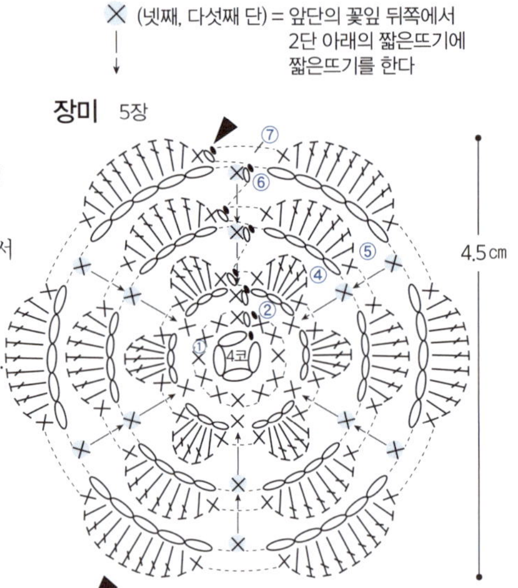

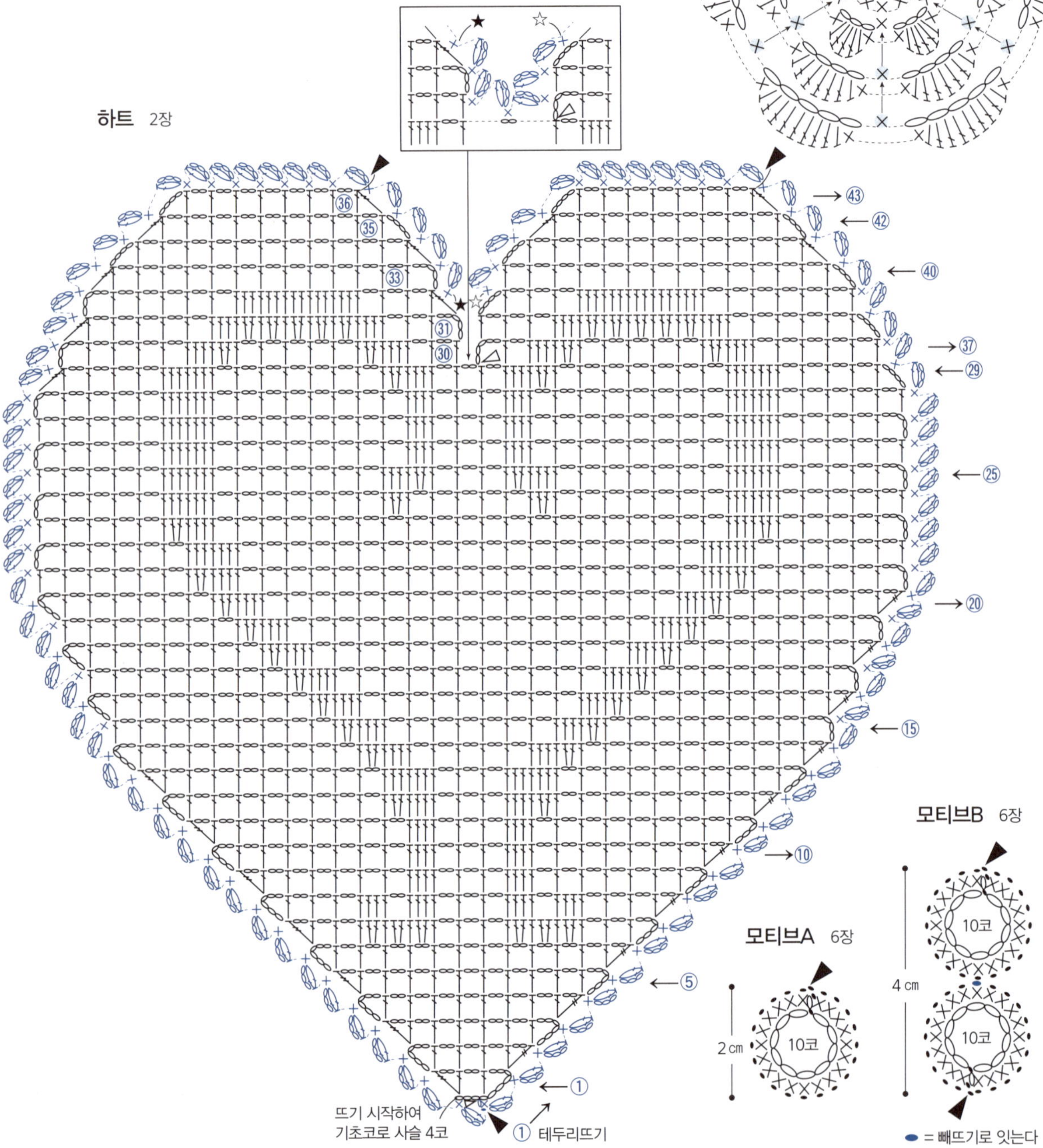

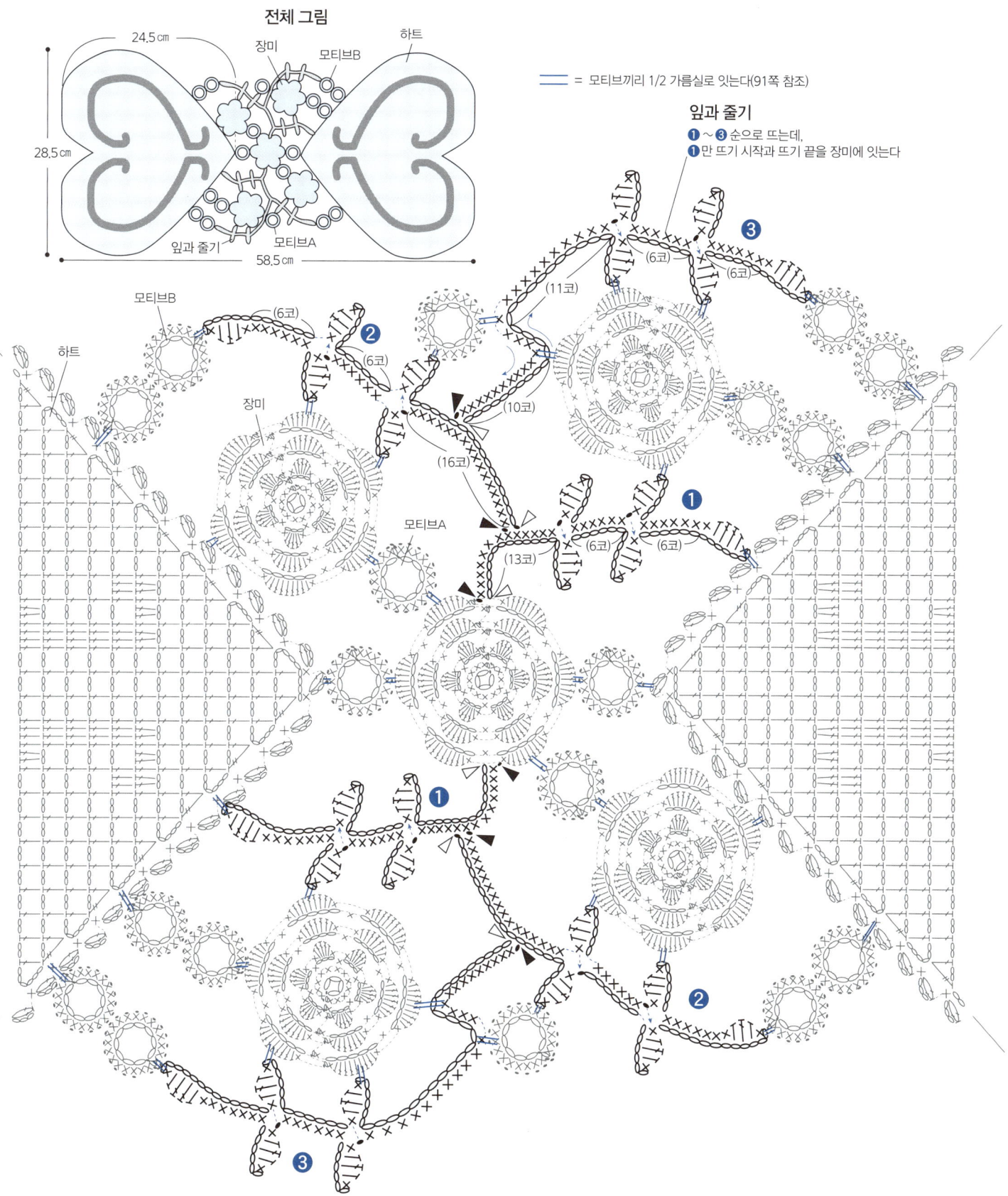

PART 3 도일리

이 장에서는 식탁에 깔거나 벽에 장식하는 등 다양하게 즐길 수 있는
15cm와 18cm 크기의 도일리를 소개합니다.

44 15cm 도일리

How to knit … p.82
Design & Knitting … 다케다 아쓰코

네모난 몸판 한 귀퉁이를 장미와 토끼풀로 꾸몄어요.
새로운 디자인을 즐기고 싶은 분에게 추천합니다.

45 18cm 도일리

How to knit … p.83
Design & Knitting … 세리자와 게이코

육각형 귀퉁이마다 조그마한 롤 장미를 달았어요.
사랑스러운 이미지의 도일리예요.

44

Photo ... p.80

준비물
실 올림푸스 에미그란데/ 아이보리(804) 12g
바늘 레이스용 코바늘 0호

완성 치수 15cm

만드는 순서
1 몸판은 기초코로 사슬 45코를 잡아서 23단 뜬다.
2 실을 이어서 테두리뜨기를 2단 한다.
3 토끼풀은 기초코로 사슬 7코를 잡아서 토끼풀 뜨는 법을 참조하여 뜬다.
4 장미는 실로 원형코를 만들어서 7단 뜬다.
5 마무리하기를 참조하여 몸판에 장미와 토끼풀을 달아 준다.

토끼풀 뜨는 법
1. 사슬을 7코 뜨고 첫째 코에 빼뜨기하여 잎1의 밑받침을 뜬다.
2. 계속해서 같은 방법으로 잎2와 3의 밑받침을 뜬다.
3. 뜨기 끝은 잎1의 빼뜨기에 빼뜬다.
4. 사슬을 10코 뜨고 그림처럼 한 바퀴 돌아가며 뜬다.

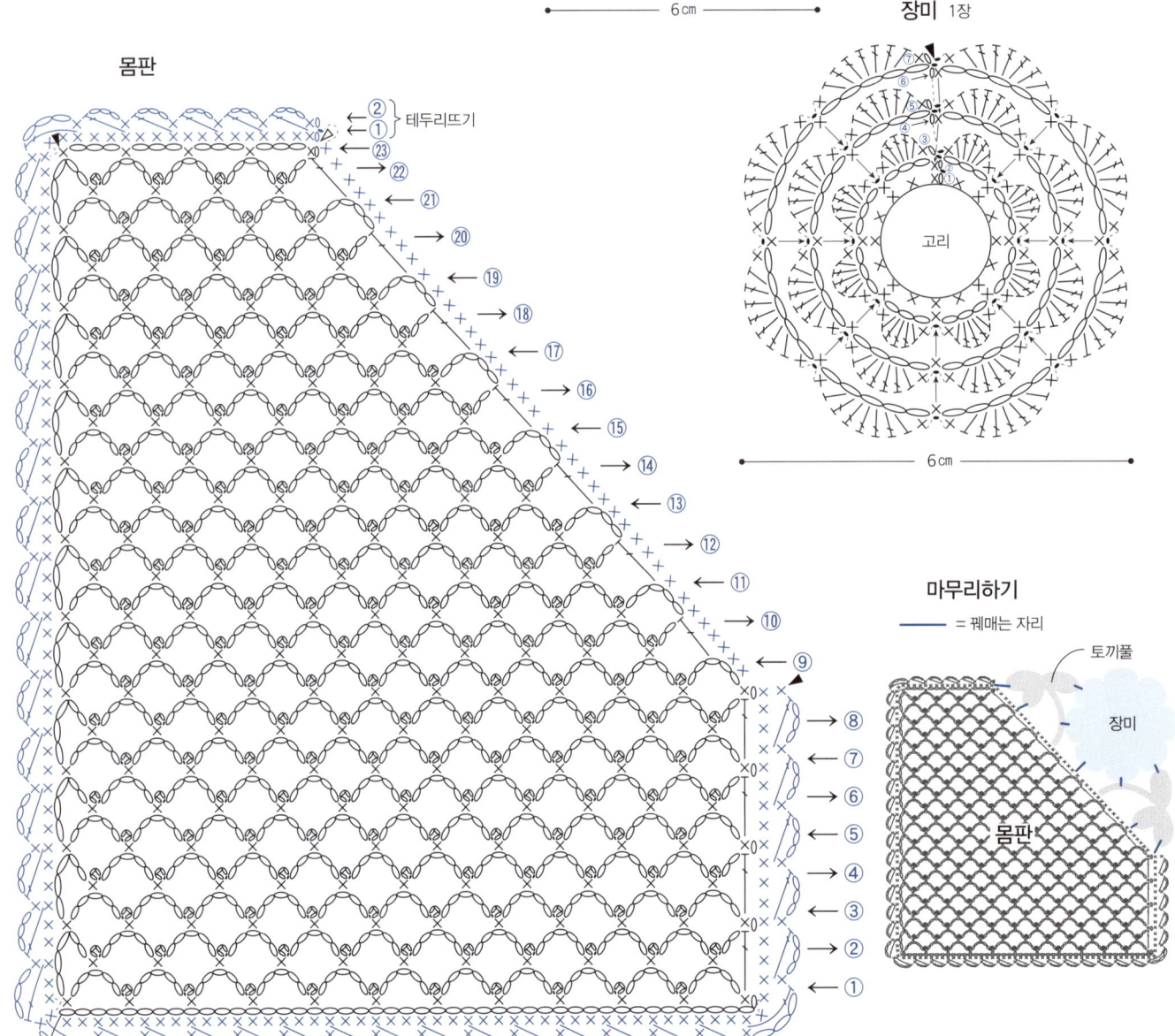

45

Photo … p.81

준비물
실 올림푸스 에미그란데/ 아이보리(804) 12g,
에미그란데〈허브스〉/ 연한 분홍(118)·꽃분홍(119) 5g씩, 녹갈색(273) 2g
바늘 레이스용 코바늘 0호

완성 치수 18cm

만드는 순서
1 몸판은 실로 원형코를 만들어서 15단 뜬다.
2 잎을 떠서 몸판의 붙이는 자리에 달아 준다.
3 롤 장미는 정해진 색과 정해진 장수로 떠서 만든 뒤에 색이 교대가 되도록 잎 위에 단다.

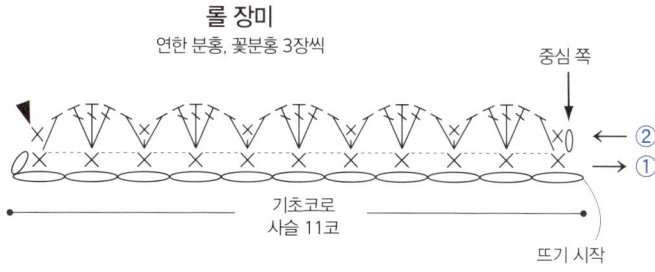

롤 장미
연한 분홍, 꽃분홍 3장씩

롤 장미 만들기
1. 뜨기 시작의 실을 길게 남겨 놓고 기초코를 잡는다.
2. 뜨개바탕을 중심 쪽에서부터 돌돌 감아서 모양을 만들고, 뜨기 시작에 남겨 둔 실로 기초코 쪽을 꿰맨다.
3. 그 실로 잎 위에 달아 준다.

몸판
◯ = 연한 분홍 장미
● = 꽃분홍 장미
— = 아이보리

잎과 장미 다는 자리

잎
녹갈색 6장

※ 뜨기 시작과 뜨기 끝의 실을 길게 남기고 떠서 그 실로 몸판에 달아 준다

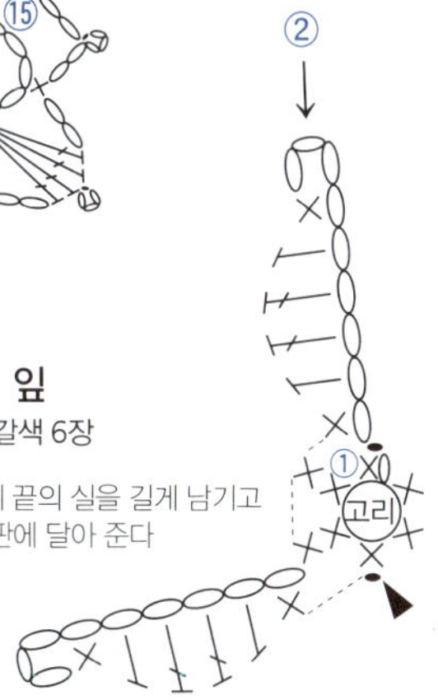

46 15cm 도일리

How to knit ··· p.86
Design & Knitting ··· 다케다 아쓰코

가운데에서 뾰족 솟은 꽃잎, 둥그스름한 꽃잎 등 표정이 풍부한 장미.
테두리뜨기의 잔잔한 프릴이 화려함을 더합니다.

47 18cm 도일리

How to knit … p.87
Design & Knitting … 가마타 에미코

활짝 핀 장미를 장식하듯 장미 여러 송이를 두른 화려한 도일리.

준비물
실 올림푸스 에미그란데/ 아이보리(804) 12g
바늘 레이스용 코바늘 0호

완성 치수 15cm

만드는 순서
1 실로 원형코를 만들어서 그림처럼 열셋째 단까지 뜬다.
2 열넷째 단은 앞단의 사슬 5코에 짧은뜨기, 사슬뜨기 7코, 짧은뜨기를 하고, 사슬 7코를 뜨고 나서 옆의 사슬 5코에 짧은뜨기, 사슬뜨기 7코, 짧은뜨기를 한다.

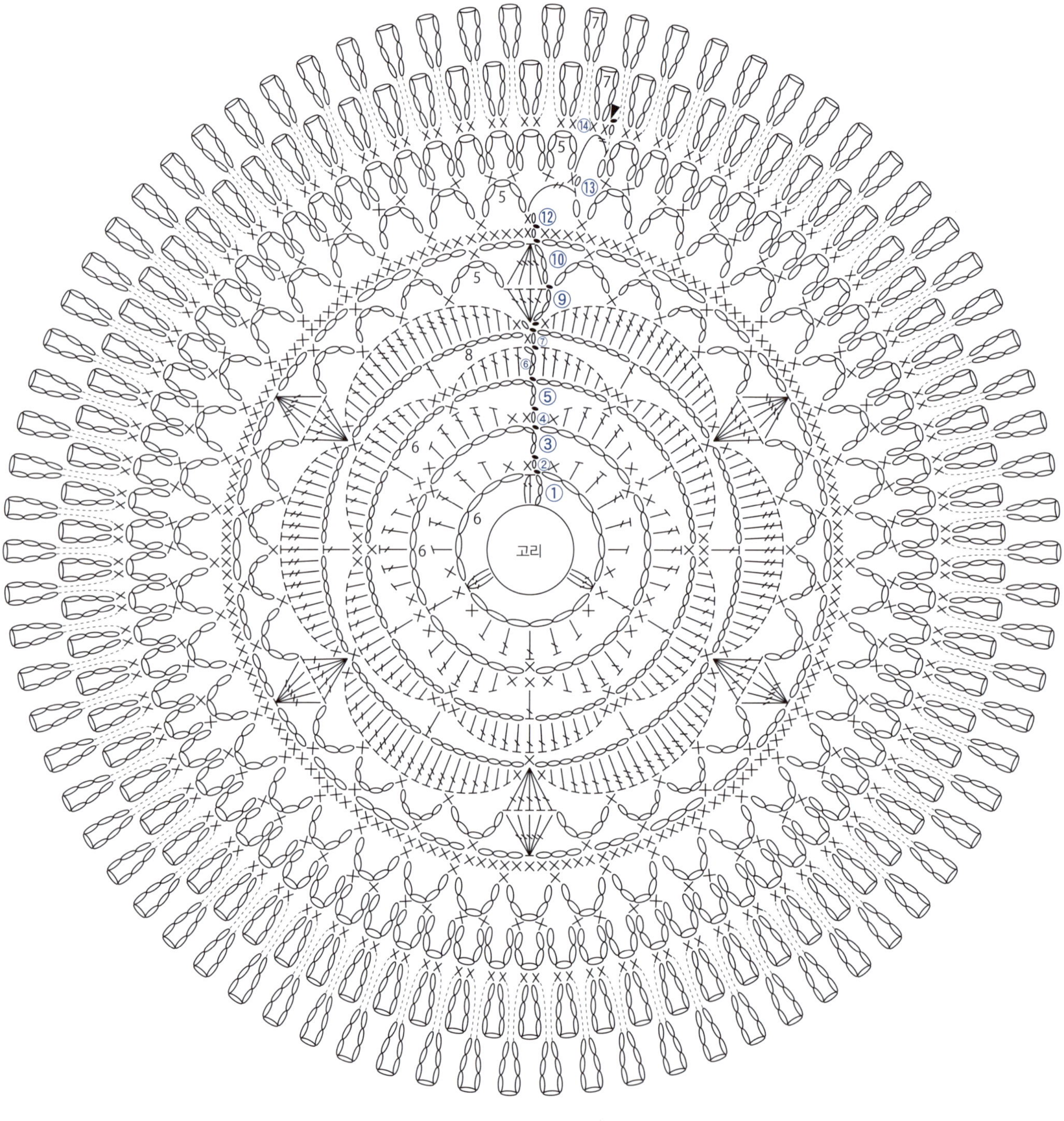

 Photo … p.85

준비물
실 올림푸스 에미그란데/ 노란 분홍(161) 8g, 연한 분홍(111) 7g, 에미그란데〈허브스〉/ 주황(171) 8g
바늘 레이스용 코바늘 0호

완성 치수 18㎝

만드는 순서
1 몸판은 사슬 4코로 원형코를 만들어서 그림처럼 11단 뜬다.
2 장미는 실로 원형코를 만들어서 뜨고, 마지막 단의 정해진 한길긴뜨기 코에서 몸판과 잇는다.
3 색이 다른 장미를 교대로 ❶~⓰ 순으로 뜨면서 정해진 한길긴뜨기 코에서 몸판과 옆의 장미에 잇는다.

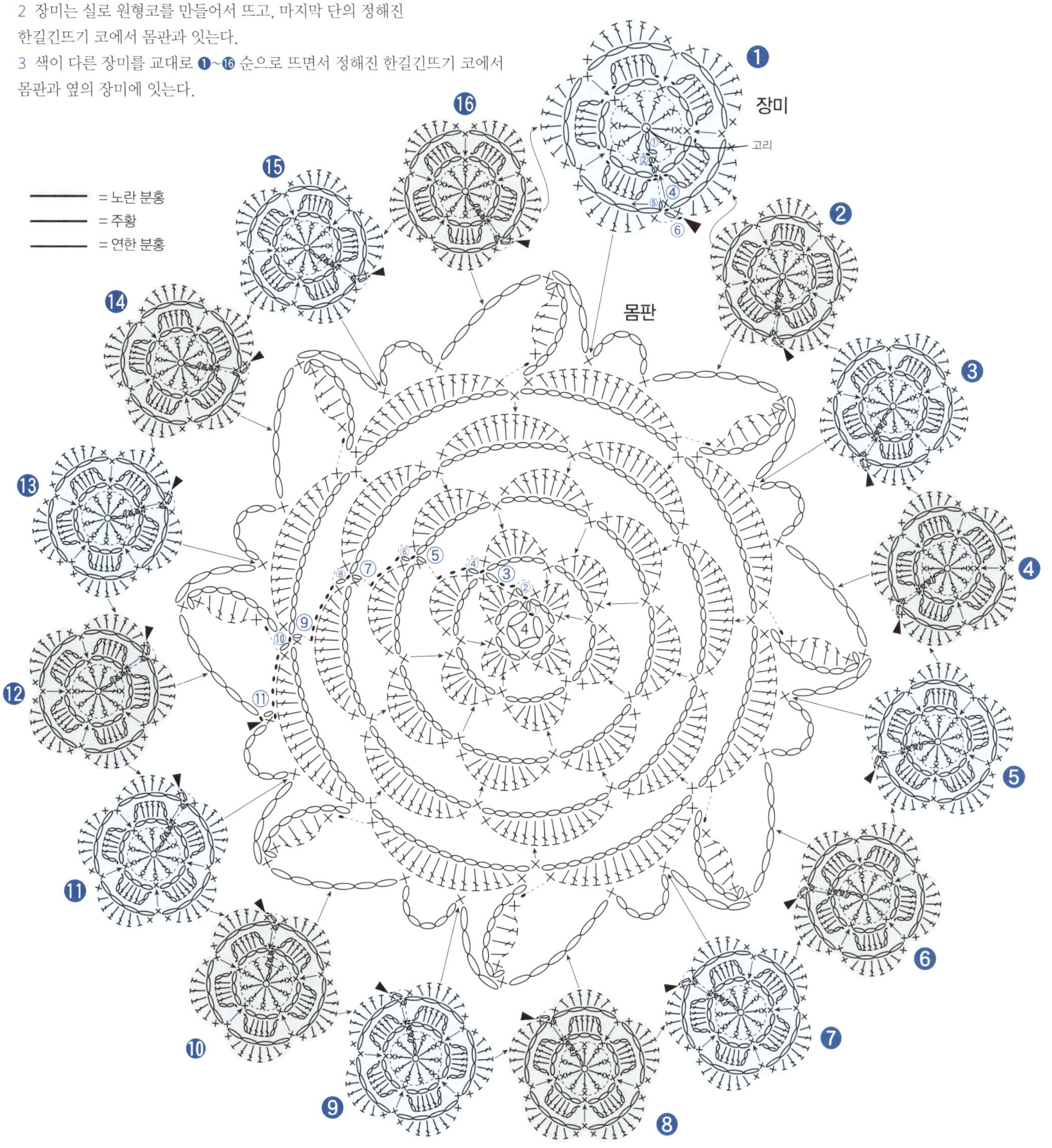

―― = 노란 분홍
―― = 주황
―― = 연한 분홍

사용한 실 소개
(사진은 실물 크기)

1 에미그란데
2 에미그란데〈허브스〉
3 에미그란데〈컬러즈〉
4 에미그란데〈비주〉
5 에미그란데〈카스리〉
6 리넨 네이처
7 실크&리넨 시폰
8 코튼 쿠오레
9 수플레〈세〉
10 플루메리아
11 CÉBÉLIA(세베리아) 10번
12 BABYLO(바빌로) 10번
13 고마키 Café 데미
14 고마키 Café 아이부토
15 고마키 Café 헤어리
16 엑설런트 모헤어〈카운트10〉
17 엑설런트 모헤어〈카운트5〉

* 1~17은 모두 알맞은 바늘 → 재질 → 구성 → 실 길이 → 색상 수 순입니다.
* 색상 수는 2013년 10월 기준입니다.
* 인쇄물이므로 실 색깔은 조금 다를 수도 있습니다.

1 레이스용 코바늘 0호~코바늘 2/0호, 면 100%, 〈50g 1볼〉 약 218m, 45색 〈100g 1볼〉 약 436m, 3색

2 레이스용 코바늘 0호~코바늘 2/0호, 면 100%, 20g 1볼, 약 88m, 18색

3 레이스용 코바늘 0호~코바늘 2/0호, 면 100%, 10g 1볼, 약 44m, 26색

4 레이스용 코바늘 0호~코바늘 2/0호, 면 97% · 폴리에스테르 3%, 25g 1볼, 약 110m, 〈실버〉·5색 〈골드〉 5색

5 레이스용 코바늘 0호~코바늘 2/0호, 면 100%, 25g 1볼, 약 109m, 5색

6 코바늘 3/0~4/0호, 마(리넨) 50% · 면 50%, 25g 1볼, 약 78m, 14색

7 코바늘 3/0~4/0호, 견 55% · 마(리넨) 45%, 30g 1볼, 약 106m, 10색

8 코바늘 3/0~4/0호, 면 100%(이집트 면), 40g 1볼, 약 170m, 16색

9 코바늘 3/0~4/0호, 면 100%, 25g 1볼, 약 123m, 9색

10 코바늘 4/0~5/0호, 레이온 80% · 면 15% · 폴리에스테르 5%, 30g 1볼, 약 110m, 9색

11 레이스용 코바늘 2~0호, 면 100%, 50g 1볼, 약 270m, 39색 〈기본색〉·8색 〈컬러〉 31색

12 레이스용 코바늘 2~0호, 면 100%, 〈50g 1볼〉 약 267m, 39색 〈100g 1볼〉 약 533m, 4색

13 〈색〉 코바늘 2/0~3/0호, 아크릴 70% · 모 30%, 5g, 19m, 30색 〈반짝이〉 코바늘 2/0~4/0호, 모 98% · 폴리에스테르 2%, 5g, 17m, 6색

14 코바늘 5/0~6/0호, 아크릴 70% · 모 30%, 20g, 57m, 23색

15 코바늘 5/0~6/0호, 아크릴 90% · 모헤어(키드 모헤어) 10%, 20g, 90m, 20색

16 코바늘 4/0호(실 2겹), 모(슈퍼키드 모헤어 71% · 램 울 5%) 76% · 나일론 24%, 20g 1볼, 약 200m, 30색

17 코바늘 4/0호, 모(슈퍼키드 모헤어) 76% · 나일론 24%, 20g 1볼, 약 100m, 15색

12 삼각 숄

※ 27쪽에서 이어짐

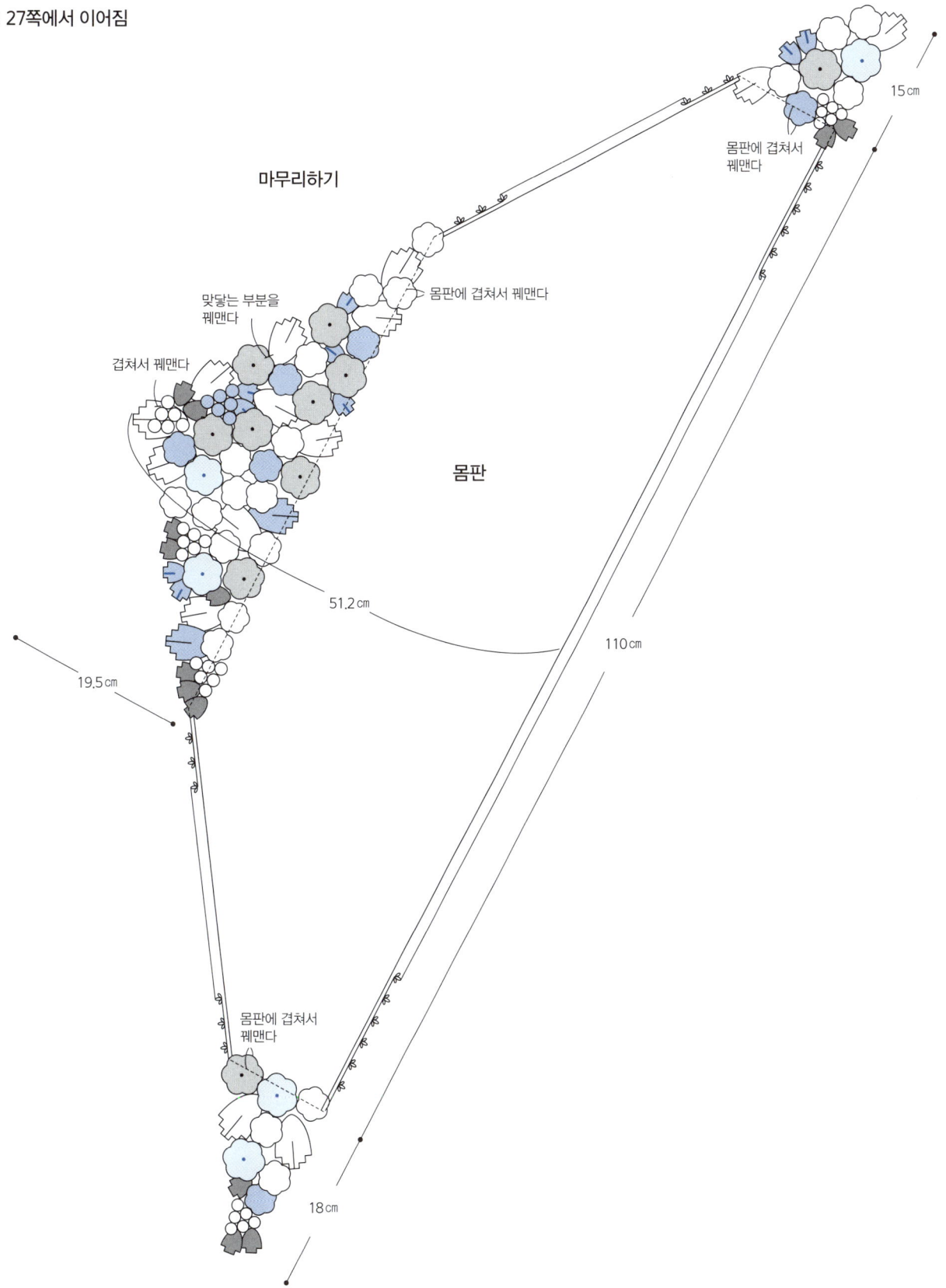

38 다용도 덮개 ※70쪽에서 이어짐

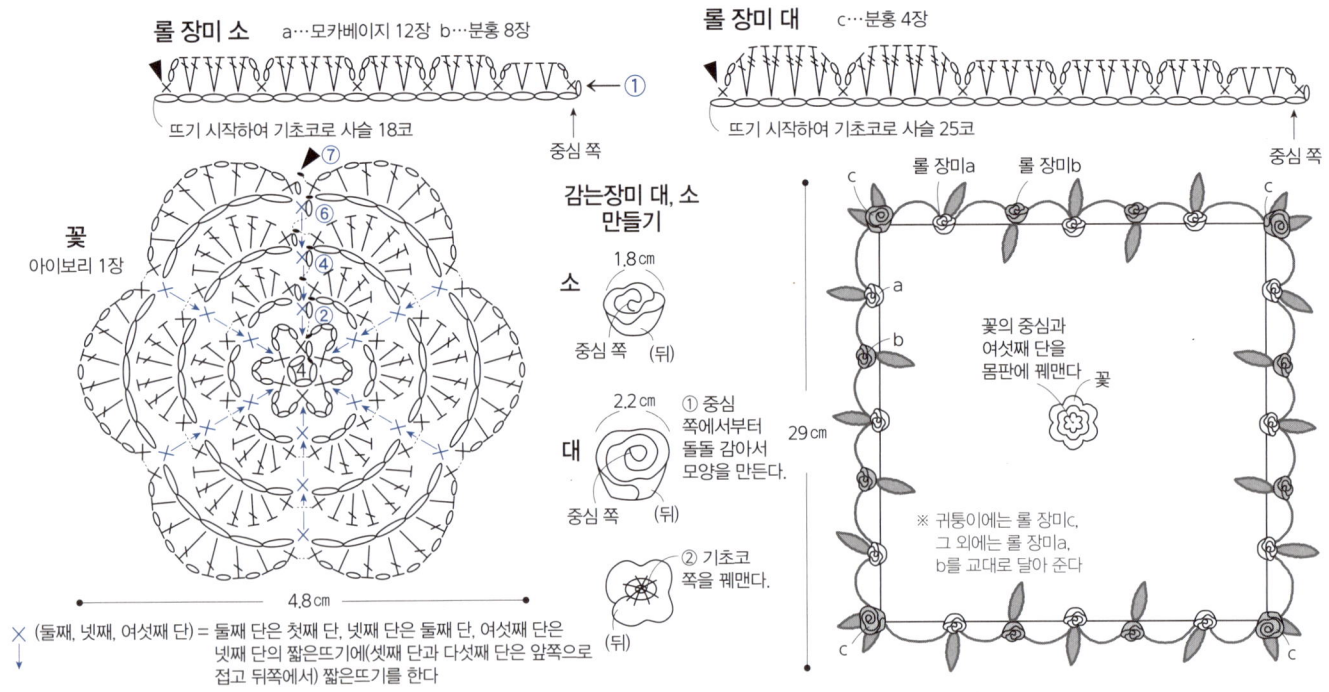

Point Lesson

* 알아보기 쉽도록 실 굵기와 색 등을 바꾸어 사진으로 과정을 설명했습니다.

2 코르사주: 덩굴 만들기 photo … p.8

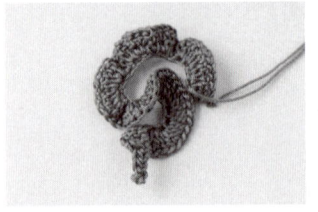

1 덩굴을 뜬다.

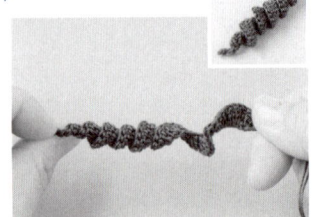

2 양 끝을 손으로 잡고 뜨개바탕을 비틀듯이 회전시킨다. 오른쪽 위 사진은 완성한 모습.

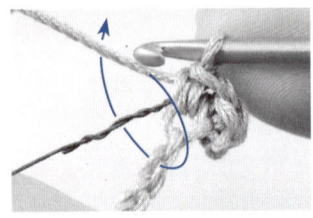

3 짧은뜨기를 1코 한 모습. 다음 코도 화살표처럼 바늘을 넣고 와이어도 함께 짧은뜨기로 감싸며 뜬다.

4 짧은뜨기를 20코 하여 줄기를 완성한다. 줄기를 꽃받침 가운데에 끼우고 와이어를 잘라서 끝을 꼬아 준 뒤에 접착제를 칠해서 고정한다.

24 코르사주: 와이어 넣은 줄기 뜨는 법 photo … p.40
(기초코를 주워서 감싸며 뜨기)

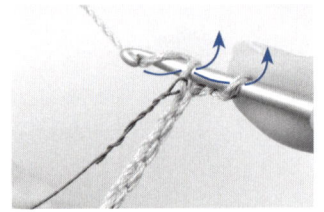

1 사슬 20코를 뜨고 기둥코로 사슬 1코를 뜬다. 와이어는 사진처럼 스무째 사슬(바늘에서부터 둘째 코)의 사슬코 산에 끼워서 꼬아 준다.

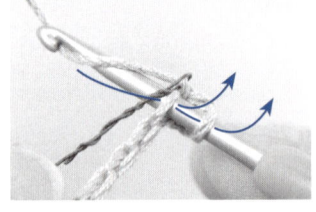

2 1의 화살표처럼 바늘을 넣어 짧은뜨기를 하고, 그 다음부터는 와이어 밑으로 사슬코 산에 바늘을 넣어 짧은뜨기를 한다.

33 티슈덮개: 끈 완성하기 photo … p.57

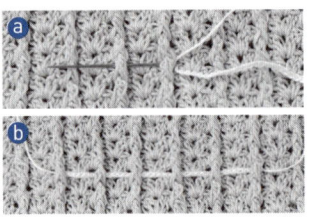

1 사슬뜨기 끈을 바늘에 꿰고, 걸어뜨기의 세로 줄무늬 부분을 줍는다(a). 정해진 자리 6군데를 주운 뒤에 양쪽 실 끝을 뜨개바탕에 통과시켜서 처리한다(b).

2 꽃과 잎을 달아서 완성한다.

Point Lesson

*알아보기 쉽도록 실 굵기와 색 등을 바꾸어 사진으로 과정을 설명했습니다.

39 소품함: 하트 뜨는 법 photo ... p.69

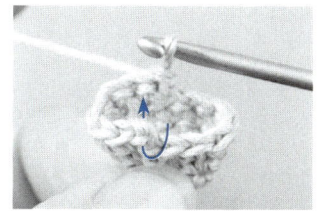

1 실로 원형코를 만들어서 4단 뜨고, 다음 단은 화살표처럼 코에 바늘을 넣고 콧수를 반(6코)으로 나눠서 코를 줄이며 2단 뜬다.

2 남은 6코도 새로 실을 이어서 코를 줄이며 2단 뜬 모습.

43 테이블센터: 가름실 만드는 법 photo ... p.76

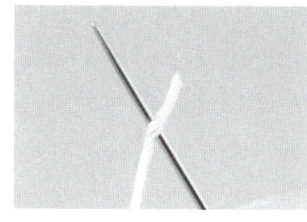

1 실 끝에 돗바늘을 찔러 실의 꼬임을 푼다.

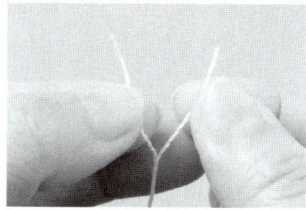

2 실을 갈라서 원하는 굵기의 실을 이용한다.

모티브 잇는 법

1 모티브 4종류를 정해진 장수만큼 뜬다.

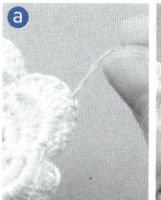

2 장미 꽃잎 뒤쪽에서(앞에서 보이지 않도록) 같은 색 실을 꿴 돗바늘을 통과시킨다(a). 한 번 더 바늘을 통과시키고 빼내어 고리를 만든다(b).

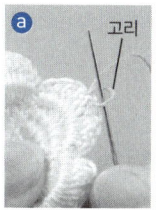

3 2에서 만든 고리에 바늘을 넣어서 빼낸다(a). b는 빼낸 모습.

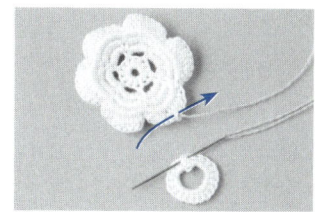

4 옆에 오는 모티브 뒤쪽을 줍고 화살표처럼 꽃잎으로 돌아간다.

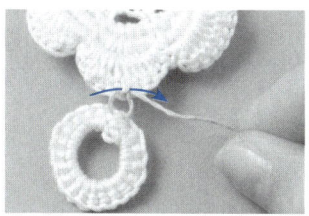

5 손으로 실을 잡아당겨 조이고, 화살표처럼 바늘을 넣어서 2와 같은 방법으로 고리를 만든다.

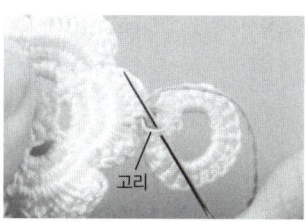

6 고리에 바늘을 통과시키고 실을 조인다.

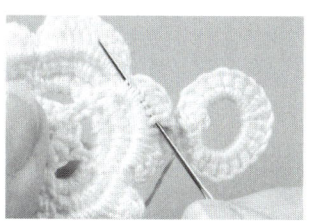

7 바늘을 뜨개바탕에 통과시키고 실을 자르면 완성.

8 잇는 자리가 가까울 때는 뜨개바탕에 실을 통과시켜 이동하면서 잇는다. 반대로 떨어진 자리일 때는 실을 자르고 2~7을 되풀이하여 잇는다.

Basic Lesson 코바늘뜨기 기초

뜨개도안 보는 법 뜨개도안은 모두 겉면에서 본 상태를 기호로 표시한다.
코바늘뜨기에서는 겉뜨기와 안뜨기를 구별하지 않으므로(걸어뜨기 코는 제외), 뜨개바탕의 앞과 뒤를 번갈아서 보며 뜨는 왕복뜨기일 때도 기호 표시는 똑같다.

중심에서부터 원형으로 뜰 때

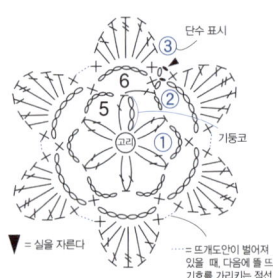

중심에서 고리(또는 사슬코)를 만들고 1단씩 원을 그리듯이 뜬다. 단마다 처음에 기둥코를 세우고 나서 뜬다. 기본적으로는 뜨개바탕의 앞면을 보고 뜨개도안을 오른쪽에서 왼쪽으로 따라가며 뜬다.

왕복뜨기를 할 때

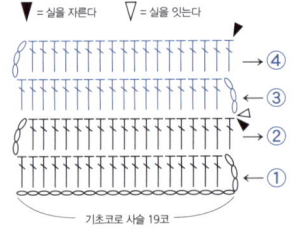

좌우에 기둥코가 오는 것이 특징이다. 오른쪽에 기둥코가 있을 때는 뜨개바탕 앞면을 보고 뜨개도안을 오른쪽에서 왼쪽으로 따라가며 뜨고, 왼쪽에 기둥코가 있을 때는 뜨개바탕 뒷면을 보고 뜨개도안을 왼쪽에서 오른쪽으로 따라가며 뜨는 것이 기본이다. 그림은 셋째 단에서 배색실을 바꾸는 뜨개도안.

사슬코 보는 법

사슬코에는 앞과 뒤가 있다. 뒤쪽 가운데에 1줄이 나와 있는 부분을 '사슬코 산'이라고 한다.

실과 바늘 잡는 법

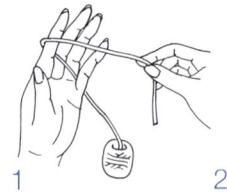 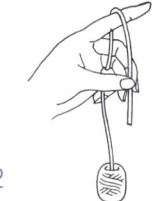 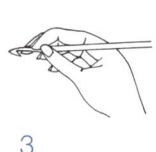

1 왼손 새끼손가락과 넷째 손가락 사이에서 실을 앞으로 빼서 집게손가락에 걸고 실 끝을 앞쪽으로 나오게 한다.

2 엄지손가락과 가운뎃손가락으로 실 끝을 잡고. 집게손가락을 세워서 실이 팽팽해지도록 한다.

3 바늘은 엄지손가락과 집게손가락으로 잡고. 바늘에 가운뎃손가락을 살짝 갖다 댄다.

첫 코 만드는 법

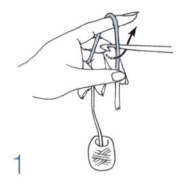 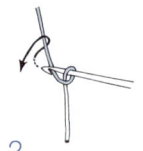 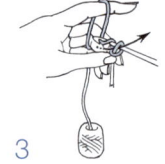 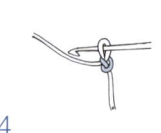

1 바늘을 실 뒤쪽에 두고 화살표처럼 바늘 끝을 돌린다.

2 바늘에 실을 건다.

3 실을 고리 안으로 지나게 하여 앞으로 끌어낸다.

4 실 끝을 당겨서 코를 조이면 첫 코 완성(이 코는 1코로 세지 않는다).

기초코

중심에서부터 원형으로 뜰 때
(실로 원형코 만들기)

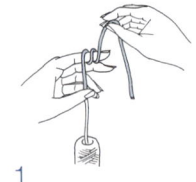 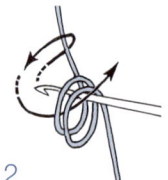 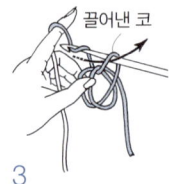 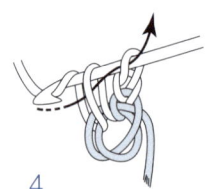 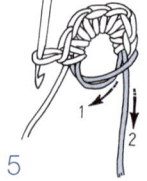 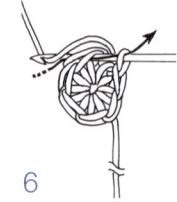

1 왼손 집게손가락에 실을 2번 감아서 고리를 만든다.

2 고리를 벗겨서 손에 들고, 고리 가운데로 바늘을 넣고 실을 걸어서 앞으로 끌어낸다.

3 다시 바늘에 실을 걸고 끌어내어 기둥코가 될 사슬 1코를 뜬다.

4 첫째 단은 고리 안으로 바늘을 넣어서, 필요한 콧수만큼 짧은뜨기를 한다.

5 일단 바늘을 빼고, 맨 처음에 만든 고리의 실과 실 끝쪽을 잡아당겨 고리를 조인다.

6 첫째 단 마지막에서는 첫 번째 짧은뜨기의 머리에 바늘을 넣고 실을 걸어 빼낸다.

중심에서부터 원형으로 뜰 때
(사슬코로 원형 만들기)

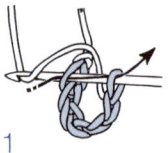 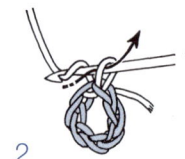 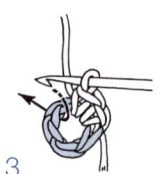 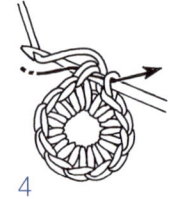

1 필요한 콧수만큼 사슬뜨기를 한 다음, 첫 번째 사슬의 반코에 바늘을 넣고 실을 걸어 빼낸다.

2 바늘에 실을 걸고 끌어낸다. 이 사슬이 기둥코가 된다.

3 첫째 단은 사슬코로 만든 원형 안으로 바늘을 넣고, 필요한 콧수만큼 사슬코 아래에서 주워서 짧은뜨기를 한다.

4 첫째 단 마지막에서는 첫 번째 짧은뜨기의 머리에 바늘을 넣고 실을 걸어 빼낸다.

왕복뜨기를 할 때

 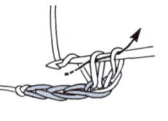 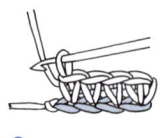

1 필요한 콧수의 사슬코와 기둥코가 될 사슬코를 뜨고, 끝에서 두 번째 사슬에 바늘을 넣고 실을 걸어 빼낸다.

2 바늘에 실을 걸고 화살표처럼 실을 빼낸다.

3 첫째 단을 뜬 모습(기둥코인 사슬 1코는 1코로 세지 않는다).

앞단에서 코 줍는 법

같은 구슬뜨기라도 뜨개도안에 따라서 코 줍는 법이 달라진다. 뜨개도안에서 기호 아래가 막혀 있으면 앞단의 1코에서 주워서 뜨고, 기호 아래가 열려 있으면 앞단의 사슬뜨기 코 아래에서 주워서 뜬다.

 1코에서 줍기
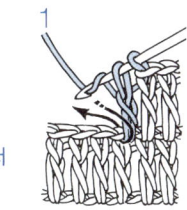
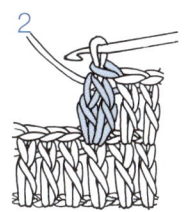

 코 아래에서 줍기
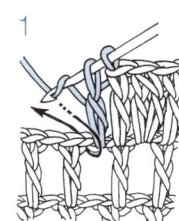
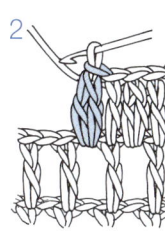

뜨개코 기호

 사슬뜨기

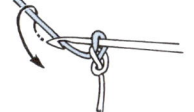
1 첫 코를 만들고 바늘에 실을 건다.

2 바늘에 걸린 실을 끌어내어 사슬코 완성.

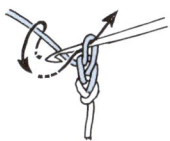
3 같은 방법으로 1, 2를 되풀이하여 뜬다.

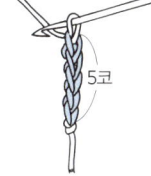
4 사슬뜨기 5코 완성.

 빼뜨기

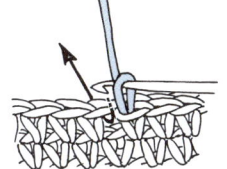
1 앞단 코에 바늘을 넣는다.

2 바늘에 실을 건다.

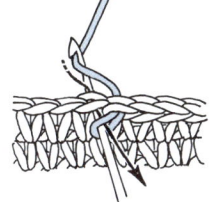
3 실을 한 번에 빼낸다.

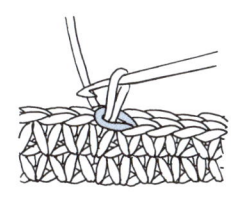
4 빼뜨기 1코 완성.

 짧은뜨기

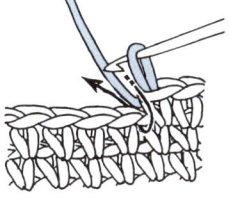
1 앞단 코에 바늘을 넣는다.

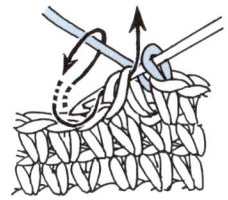
2 바늘에 실을 걸어서 고리를 앞으로 끌어낸다.

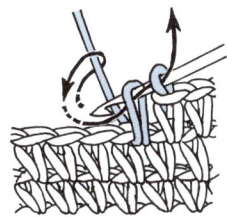
3 바늘에 실을 걸고 고리 2개 안으로 한 번에 빼낸다.

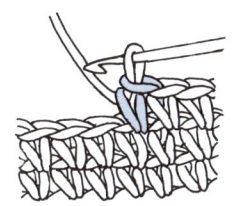
4 짧은뜨기 1코 완성.

긴뜨기

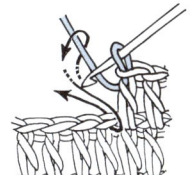
1 바늘에 실을 건 다음에 앞단 코에 바늘을 넣는다.

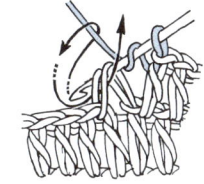
2 다시 바늘에 실을 걸어서 앞으로 끌어낸다(끌어낸 이 상태를 미완성 긴뜨기라고 한다).

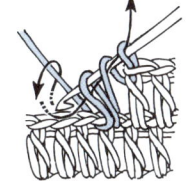
3 바늘에 실을 걸고 고리 3개 안으로 한 번에 빼낸다.

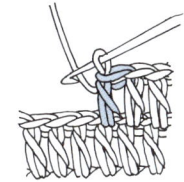
4 긴뜨기 1코 완성.

 한길긴뜨기

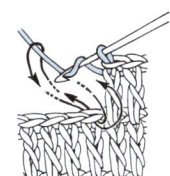
1 바늘에 실을 건 다음에 앞단 코에 바늘을 넣고, 다시 실을 걸어서 고리를 앞으로 끌어낸다.

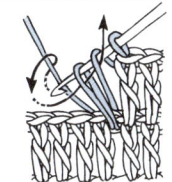
2 화살표처럼 바늘에 실을 걸고 고리 2개 안으로 빼낸다(빼낸 이 상태를 미완성 한길뜨기라고 한다).

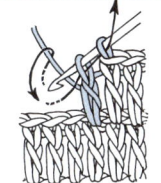
3 한 번 더 바늘에 실을 건 다음에 남은 고리 2개 안으로 화살표처럼 빼낸다.

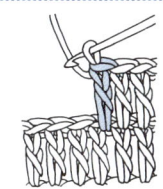
4 한길긴뜨기 1코 완성.

Basic Lesson 코바늘뜨기 기초

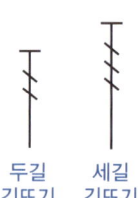

두길 긴뜨기 　 세길 긴뜨기

* ( ) 안은 세길긴뜨기를 할 때의 횟수

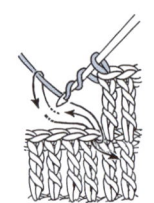

1 바늘에 실을 2번(3번) 감은 다음에 앞단 코에 바늘을 넣고, 실을 걸어서 고리를 앞으로 끌어낸다.

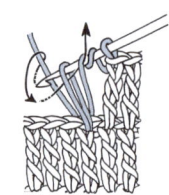

2 화살표처럼 바늘에 실을 걸고 고리 2개 안으로 빼낸다.

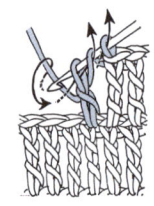

3 2와 똑같이 2번(3번) 되풀이한다.

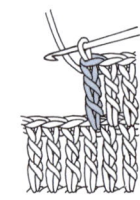

4 두길긴뜨기 1코 완성.

짧은뜨기 2코 모아뜨기

1 앞단 코에 화살표처럼 바늘을 넣어서 고리를 끌어낸다.

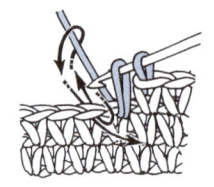

2 다음 코에서도 같은 방법으로 고리를 끌어낸다.

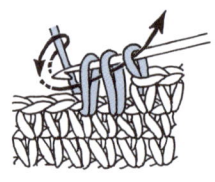

3 바늘에 실을 걸고 고리 3개 안으로 한 번에 빼낸다.

4 짧은뜨기 2코 모아뜨기 완성. 앞단보다 1코 줄어든 상태.

짧은뜨기 2코 늘려뜨기

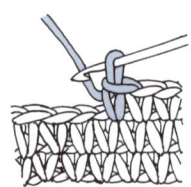

1 짧은뜨기를 1코 뜬다.

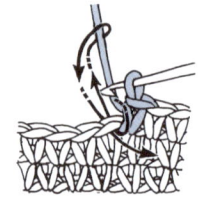

2 같은 코에 한 번 더 바늘을 넣어서 고리를 앞으로 끌어낸다.

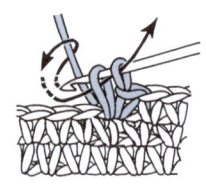

3 바늘에 실을 걸고 고리 2개 안으로 한 번에 빼낸다.

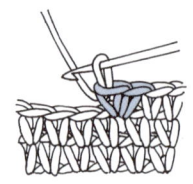

4 앞단의 1코에 짧은뜨기를 2코 한 모습. 앞단보다 1코 늘어난 상태.

짧은뜨기 3코 늘려뜨기

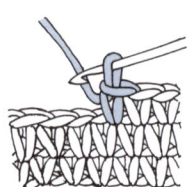

1 짧은뜨기를 1코 뜬다.

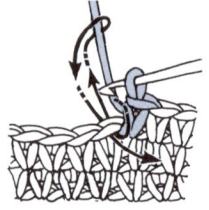

2 같은 코에 한 번 더 바늘을 넣어서 고리를 끌어내어 짧은뜨기를 한다.

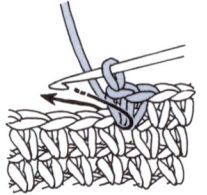

3 같은 코에 짧은뜨기를 1코 더 뜬다.

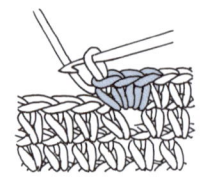

4 앞단의 1코에 짧은뜨기를 3코 한 모습(앞단보다 2코 늘어난 상태).

피코빼뜨기

1 사슬 3코를 뜬다.

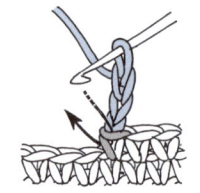

2 짧은뜨기의 머리 부분 반코와 다리 1가닥에 바늘을 넣는다.

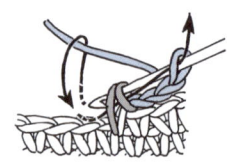

3 바늘에 실을 걸고 화살표처럼 한 번에 빼낸다.

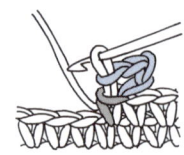

4 피코빼뜨기 완성.

한길긴뜨기 2코 모아뜨기

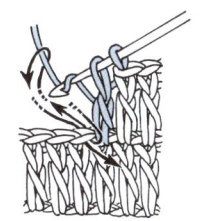 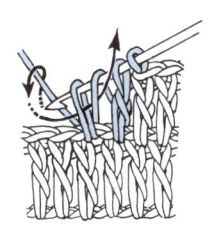 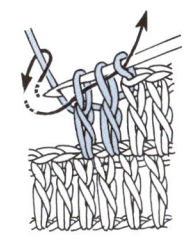 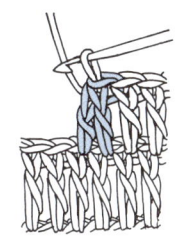

1 앞단 코에 미완성 한길긴뜨기를 1코 뜨고 다음 코에 화살표처럼 바늘을 넣어서 실을 끌어낸다.

2 바늘에 실을 걸고 고리 2개 안으로 빼내서 두 번째 미완성 한길긴뜨기를 뜬다.

3 바늘에 실을 걸고 화살표처럼 고리 3개 안으로 한 번에 빼낸다.

4 한길긴뜨기 2코 모아뜨기 완성(앞단보다 1코 줄어든 상태).

한길긴뜨기 2코 늘려뜨기

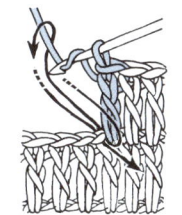 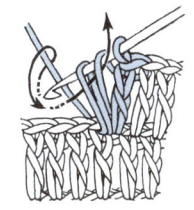 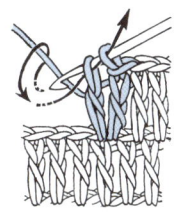 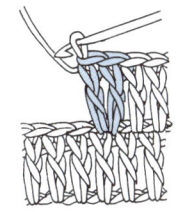

1 한길긴뜨기를 1코 뜨고, 바늘에 실을 걸고 같은 코에 화살표처럼 바늘을 넣어서 끌어낸다.

2 바늘에 실을 걸고 고리 2개 안으로 빼낸다.

3 한 번 더 바늘에 실을 건 다음 남은 고리 2개 안으로 빼낸다.

4 1코에 한길긴뜨기를 2코 뜬 모습(앞단보다 1코 늘어난 상태).

한길긴뜨기 3코 구슬뜨기

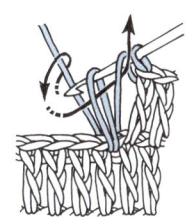 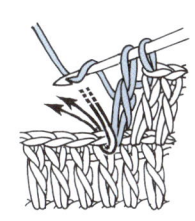 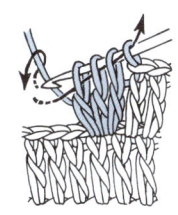 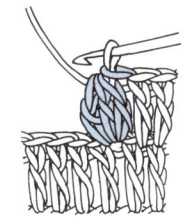

1 앞단 코에 미완성 한길긴뜨기를 1코 뜬다.

2 같은 코에 바늘을 넣어서 미완성 한길긴뜨기를 계속해서 2코 뜬다.

3 바늘에 실을 걸고 바늘에 걸려 있는 고리 4개 안으로 한 번에 빼낸다.

4 한길긴뜨기 3코 구슬뜨기 완성.

긴뜨기 3코 변형 구슬뜨기

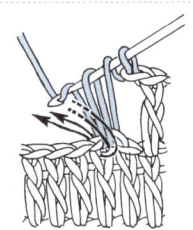 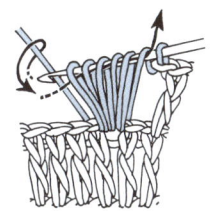 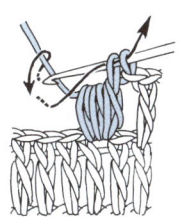 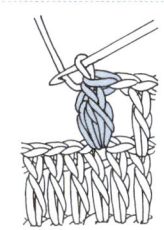

1 앞단 코에 미완성 긴뜨기를 3코 뜬다.

2 바늘에 실을 걸고 화살표처럼 고리 6개 안으로 빼낸다.

3 다시 바늘에 실을 걸고 남은 코 안으로 한 번에 빼낸다.

4 긴뜨기 3코 변형 구슬뜨기 완성.

한길긴뜨기 5코 팝콘뜨기

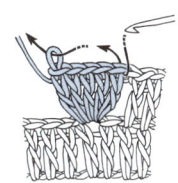 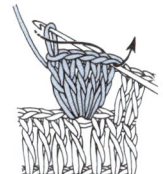 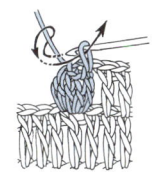 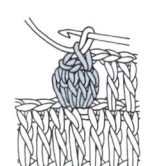

1 앞단의 같은 코에 한길긴뜨기를 5코 뜨고, 일단 바늘을 빼서 화살표처럼 다시 넣는다.

2 고리를 그대로 화살표처럼 앞으로 빼낸다.

3 사슬뜨기를 1코 떠서 조인다.

4 한길긴뜨기 5코 팝콘뜨기 완성.

Basic Lesson 코바늘뜨기 기초

줄기뜨기

●
빼뜨기의 줄기뜨기
*( ) 안은 빼뜨기의 줄기뜨기를 할 때

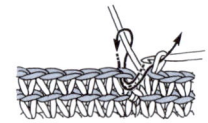
1 단마다 뜨개바탕 앞면을 보고 뜬다. 한 바퀴 돌아가며 짧은뜨기를 뜬 다음에 첫 코에서 빼뜬다.

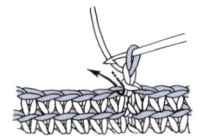
2 기둥코로 사슬 1코를 뜨고(기둥코는 뜨지 않고), 앞단의 뒤쪽 반코를 주워서 짧은뜨기(빼뜨기)를 한다.

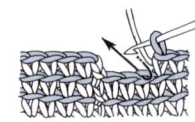
3 2의 요령으로 똑같이 되풀이하여 짧은뜨기(빼뜨기)를 쭉 한다.

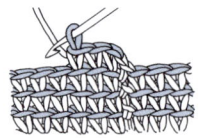
4 앞단의 앞쪽 반코가 줄기 모양으로 남는다. 줄기뜨기 셋째 단을 뜨는 모습.

이랑뜨기

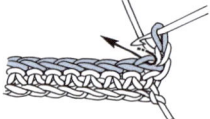
1 앞단 코의 뒤쪽 반코에 화살표처럼 바늘을 넣는다.

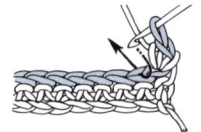
2 짧은뜨기를 하고, 다음 코도 같은 방법으로 뒤쪽 반코에 바늘을 넣는다.

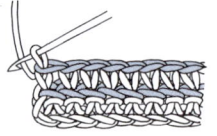
3 끝까지 뜨면 뜨개바탕 방향이 바뀐다.

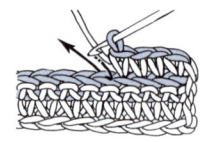
4 1, 2와 같은 방법으로 뒤쪽 반코에 바늘을 넣어서 짧은뜨기를 한다.

짧은뜨기 뒤걸어뜨기
※ 왕복뜨기에서 뜨개바탕 뒷면을 보고 뜰 때는 앞걸어뜨기(6쪽 Point Lesson 참조)를 한다.

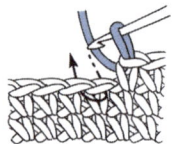
1 앞단의 짧은뜨기 다리에 화살표처럼 뒤쪽에서 바늘을 넣는다.

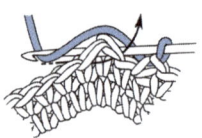
2 바늘에 실을 걸어 화살표처럼 뜨개바탕 뒤쪽으로 끌어낸다.

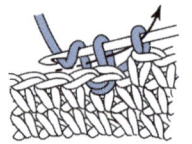
3 짧은뜨기보다 조금 길게 실을 끌어낸 다음에 한 번 더 바늘에 실을 걸고 고리 2개 안으로 한 번에 빼낸다.

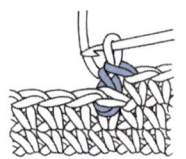
4 짧은뜨기 뒤걸어뜨기 1코 완성.

한길긴뜨기 앞걸어뜨기
※ 왕복뜨기에서 뜨개바탕 뒷면을 보고 뜰 때는 뒤걸어뜨기를 한다.

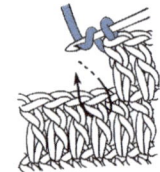
1 바늘에 실을 걸고, 앞단의 한길긴뜨기 다리에 화살표처럼 앞쪽에서 바늘을 넣는다.

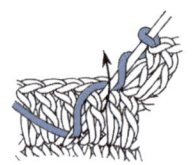
2 바늘에 실을 걸어서 조금 길게 실을 끌어낸다.

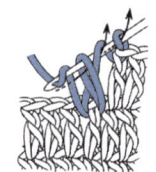
3 한 번 더 바늘에 실을 걸고 고리 2개 안으로 빼낸다. 같은 동작을 한 번 더 되풀이한다.

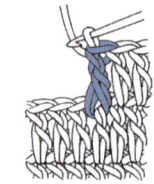
4 한길긴뜨기 앞걸어뜨기 1코 완성.

한길긴뜨기 뒤걸어뜨기
※ 왕복뜨기에서 뜨개바탕 뒷면을 보고 뜰 때는 앞걸어뜨기를 한다.

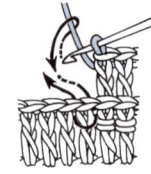
1 바늘에 실을 걸고, 앞단의 한길긴뜨기 다리에 화살표처럼 뒤쪽에서 바늘을 넣는다.

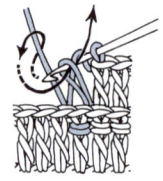
2 바늘에 실을 걸어서 화살표처럼 뜨개바탕 뒤쪽으로 끌어낸다.

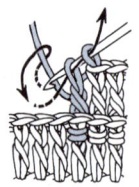
3 조금 길게 실을 끌어낸 다음, 한 번 더 바늘에 실을 걸고 고리 2개 안으로 빼낸다. 같은 동작을 한 번 더 되풀이한다.

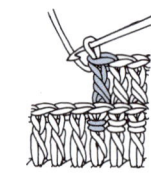
4 한길긴뜨기 뒤걸어뜨기 1코 완성.

그 밖의 기초 Index

가름실 만드는 법 … p.91
고무줄에 짧은뜨기 하는 법 … p.4
짧은뜨기 앞걸어뜨기 … p.6